BIBLIOTHÈQUE CONTEMPORAINE

MÉMOIRES
SUR
NAPOLÉON
ET
MARIE-LOUISE
1810-1814

PAR

LA GÉNÉRALE DURAND
Première dame de l'Impératrice Marie-Louise

PARIS
CALMANN LÉVY, ÉDITEUR
RUE AUBER, 3, ET BOULEVARD DES ITALIENS, 15
A LA LIBRAIRIE NOUVELLE

1886

MÉMOIRES
SUR
NAPOLÉON
ET
MARIE-LOUISE
1810 — 1814

PAR

LA GÉNÉRALE DURAND

Première dame de l'impératrice Marie-Louise

PARIS

CALMANN LÉVY, ÉDITEUR

ANCIENNE MAISON MICHEL LÉVY FRÈRES

3, RUE AUBER, 3

—

1886

Droits de reproduction et de traduction réservés.

MÉMOIRES
SUR
NAPOLÉON
ET
MARIE-LOUISE

PRÉFACE

DE LA PREMIÈRE ÉDITION PARUE EN 1819

Je dois au public quelques détails sur la publication d'une brochure où beaucoup de personnes vivantes figurent d'une manière peu honorable. C'est bien malgré moi que je me vois forcée de donner à ces souvenirs une destination qu'ils n'avaient pas.

Attachée pendant quatre ans à l'Impératrice Marie-Louise, j'eus le désir, après son départ, de réunir sous le nom de *Souvenirs* les diverses notes que j'avais faites : j'y retraçais ce que j'avais vu, les anecdotes dont j'avais été témoin, celles qu'on m'avait racontées et dont je m'étais assurée; j'y peignais les maîtres que je servais avec les sentiments de reconnaissance et de respect que je leur dois; j'étais bien éloignée d'insulter à celui dont les infortunes sont devenues si grandes : c'est une bassesse dont je suis incapable. J'avais tracé légèrement d'autres portraits, tous dictés par la vérité, mais sans aucune réflexion et surtout sans injures.

Un ami de ma famille, retiré depuis quelque temps à Londres, m'écrivit, il y a un an, qu'il avait rassemblé des matériaux considérables, et qu'il allait publier des *Mémoires* sur Napoléon et sa famille. Il me priait de lui communiquer les notes qu'il savait que j'avais recueillies. Soit pressentiment ou prudence, je refusai d'abord, lui objectant les chagrins qui avaient tourmenté ma vie, et la crainte de les voir renaître par cette publicité. Il me rassura en me jurant de garder ce secret. Vaincue par de nouvelles instances, je lui fis parvenir le cahier qu'il demandait.

Mais quel fut mon étonnement, lorsqu'on me parla d'une brochure venue de Londres, dans laquelle on déchirait plusieurs personnes de la cour de Napoléon. Quoique défendue, je parvins à m'en procurer un exemplaire; j'y trouvai une partie des notes et des portraits que j'avais envoyés, mais totalement tronqués ou défigurés par des réflexions aussi déplacées qu'inconvenantes.

L'auteur, trouvant mes portraits fades, a voulu les rendre piquants; il ne s'est pas aperçu qu'il les rendait odieux. Ces portraits sont joints à des anecdotes controuvées, que je dois à la vérité de démentir, d'autant plus que l'auteur, dans une préface que rien ne lui donnait le droit de placer à la tête de son livre, m'a presque désignée pour en être l'auteur.

Je soumets au public ces *Souvenirs*, tels que je les avais écrits pour ma famille; je me nomme, parce que, si cet écrit est digne de blâme, il ne doit retomber que sur moi, et non sur des personnes respectables qu'on a accusées fort injustement[1].

---

1. Cette édition définitive des *Mémoires sur Napoléon et Marie-Louise*, avait été préparée par la générale Durand, qui est morte avant de la publier. Ce n'est qu'aujourd'hui qu'elle a pu être livrée au public. (*Note de l'Éditeur.*)

MÉMOIRES
SUR
NAPOLÉON
ET
MARIE-LOUISE

I

Famille de Napoléon. — Jérôme, roi de Westphalie. — La princesse de Wurtemberg. — Le duc d'Enghien. — Cause du divorce de Napoléon et de Joséphine. — Marie-Louise.

On était à la fin de 1809; l'Empereur venait, par de nouvelles victoires, d'assurer la couronne sur sa tête; rien ne manquait à sa gloire, mais un héritier manquait à son bonheur et à son ambition. Il ne pouvait plus en espérer de son union avec Joséphine, et la mort venait de moissonner le fils aîné de son frère Louis. On regardait généralement cet enfant comme devant être le successeur de son oncle ; on allait même jusqu'à dire qu'il était son fils, et que l'empereur n'avait donné Hortense Beauharnais en mariage à Louis, que pour cacher le résultat de ses liaisons avec elle. A l'appui de ce qui ne pouvait être qu'une conjecture, on disait que Louis n'avait jamais pu souffrir sa femme, et c'est ainsi que la vérité sert quelquefois à propager le mensonge. Il est certain que Napoléon n'eut jamais d'intimité avec Hortense Beauharnais, qu'il aimait, comme Eugène, parce qu'ils étaient les enfants de sa femme. Dans les divers mariages qu'il décida, soit dans sa famille, soit même parmi les personnes de sa cour, jamais il ne consulta l'inclination ; il n'écoutait que les convenances. Sa volonté était un ordre absolu : il le prouva à l'égard de son frère Jérôme, qui, marié sans son consentement en Amérique, avec mademoiselle Patterson, fut forcé d'abandonner sa femme et son enfant pour épouser la princesse de Wurtemberg. On dit que, marié, il fut longtemps sans vivre avec elle ; on dit même qu'il avait juré qu'il n'aurait jamais de relations avec la femme qu'on lui imposait. Pendant trois ans, presque toutes les beautés de la cour de Westphalie reçurent ses hommages. La reine, témoin de cette conduite, la supporta avec douceur et dignité; elle semblait ne rien voir, ne rien entendre; enfin sa conduite fut parfaite. Le prince, touché de tant de vertu, fatigué de ses conquêtes, repentant de sa conduite, n'attendait qu'une occasion pour se réunir sincèrement à sa femme; elle se présenta. Le feu prit au palais de Cassel, dans l'aile occupée par la reine; le roi y vole, il parvient à l'appartement de la reine, qui, éveillée par les cris de ses femmes, sortait de son lit à peine vêtue; le roi la prend dans ses bras, et, au travers du feu et de la fumée, il parvient à la mettre en sûreté. Dès ce moment, leur union fut complète, et la reine devint grosse au moment où elle perdit le trône. Mais il n'y eut jamais de conduite plus noble et plus respectable que celle que cette princesse a tenue envers son mari, qui, proscrit et sans asile, retrouva dans les États de son beau-père un rang et une fortune, grâce à l'affection de sa femme qui ne voulut jamais l'abandonner.

Louis dut lui-même se soumettre à cette volonté absolue ; il fut obligé d'épouser Hortense (malgré son amour pour une autre personne). De là vint le peu d'attachement de Louis pour sa femme. Cependant Hortense était belle, gracieuse, pleine de talents et bien faite pour obtenir l'affection d'un époux. Elle a eu trois enfants de Louis : les deux premiers sont morts, il ne reste de cette famille que le prince Louis Napoléon, qui est né en 1808. Hortense fit inutilement les plus grands efforts pour le ramener à elle. Jamais celui-ci ne pardonna à son frère la violence qu'il avait faite à son inclination. L'aigreur régna entre eux depuis ce temps ; et, lorsque, après la mort de son fils aîné, l'Empereur lui demanda le second pour l'adopter, il ne voulut jamais y consentir. Ce prince est mort en Italie ; le prince Louis est le troisième fils de Louis et d'Hortense.

Napoléon, qui ambitionnait la gloire d'être le fondateur d'une quatrième dynastie, voulait pourtant un héritier, et un héritier qu'il pût former de bonne heure à ses maximes. Dès cette époque, il fit parler de son divorce ; il eut soin de laisser cette idée se répandre, sans la démentir, et il vit qu'il pourrait se permettre cette démarche quand bon lui semblerait, sans heurter d'une manière trop sensible les sentiments de ses sujets. Joséphine disputa le terrain quelque temps; elle était universellement aimée; elle avait sur lui autant d'ascendant qu'il était possible d'en obtenir; elle avait d'ailleurs tant de grâce et d'amabilité, elle savait si bien saisir tous les moyens de plaire, qu'elle détournait souvent bien des orages, et semblait avoir seule le don de calmer un caractère naturellement impérieux et irascible.

Lorsque Bonaparte, encore premier consul, voulut se faire empereur, il trouva une forte résistance dans sa propre famille. Sa mère et son frère Lucien firent en vain les plus grands efforts pour le faire renoncer à cette idée. A la suite de ces débats, ils partirent pour Rome, d'où Lucien ne revint que dans les Cent-Jours.

Cette opposition de sa famille inquiétait peu le premier consul, mais il en trouvait une plus sérieuse dans le parti des jacobins et dans celui des républicains. Le nom de roi ou d'empereur était odieux aux uns et aux autres; ils étaient encore attachés à ce fantôme d'égalité auquel ils avaient élevé des autels. Ils n'osaient pas dire ouvertement pourtant qu'ils refusaient Bonaparte pour souverain, et, tout en le haïssant, ils le comblaient d'adulations. Ils feignirent de croire qu'il ne voulait relever le trône que pour préparer le rétablissement des Bourbons et jouer en France le rôle que Monck avait joué en Angleterre. Ils motivèrent sur ce prétexte leur résistance opiniâtre.

Cambacérès et Fouché, spécialement chargés d'aplanir les voies qui devaient conduire le premier consul au trône, lui firent connaître les craintes et les méfiances que son projet faisait naître. Ils ajoutèrent que les royalistes conspiraient dans l'ombre; que la police en était avertie, mais qu'elle ne tenait pas encore tous les fils dont elle avait besoin pour agir avec sûreté. Peu de jours après, on sut qu'un individu qu'on environnait de beaucoup de respect avait eu une entrevue avec le général Moreau. Fouché assura que c'était un prince de la maison de Bourbon. Le premier consul en doutait : il savait que les ducs d'Angoulême et de Berry étaient en Angleterre; il savait aussi que le duc d'Enghien était venu plusieurs fois au spectacle à Strasbourg et qu'il était, dès le lendemain, retourné à Etenheim. Cependant on lui répétait que la conspiration contre lui s'organisait et que les conjurés se flattaient d'avoir un prince à leur tête.

On n'avait pu saisir le personnage qui avait eu des conférences avec Moreau ; tous les renseignements qu'on donnait à Napoléon le décidèrent à faire arrêter le duc d'Enghien. Il fut conduit à Vincennes, jugé et fusillé dans la nuit. Il y a là un mystère d'iniquité, car le premier consul chargea le conseiller d'État Réal de se rendre à Vincennes et de lui apporter le jugement. Il était tard lorsque M. Réal quitta Saint-Cloud, il rentra chez lui, et, lorsqu'il arriva à Vincennes le matin, tout était consommé.

La mort du duc d'Enghien fut un crime d'autant plus déplorable qu'il était innocent et que le procès de Georges a prouvé que Pichegru fut pris pour le prince.

On assure que le duc de Bourbon était si persuadé qu'il devait la mort de son fils à Fouché et à Talleyrand, qu'il ne voulut jamais, sous la Restauration, venir à la cour tant qu'ils y furent.

Une fois sur le trône, l'Empereur chercha à

se donner un héritier. Il ne pouvait plus en espérer de sa femme, et la pensée de son divorce ne le quitta plus. Joséphine, qui le redoutait, fit tout au monde pour l'éviter; mais la fortune avait décidé sa chute, et quelques différends survenus entre eux l'accélérèrent; il eut lieu quatre mois après.

Dès que ce divorce fut prononcé, toute l'Europe eut les yeux fixés sur la France, et l'on formait mille conjectures pour deviner quelle serait la souveraine qui viendrait y régner. Savary, duc de Rovigo, fut envoyé en Russie pour faire la demande d'une sœur d'Alexandre. Cette négociation paraissait sur le point de réussir, lorsque l'impératrice mère demanda du temps avant de donner son consentement. On regarda cet ajournement comme un refus, et l'Autriche ayant offert Marie-Louise, elle fut acceptée. Le public cherchait encore dans les différentes cours de l'Europe quelle princesse pouvait être destinée à porter la couronne de France, quand on apprit que Napoléon avait obtenu celle à laquelle personne n'avait songé : une princesse du sang d'Autriche, une petite-nièce de Marie-Antoinette.

Lorsque M. le duc de Vicence, notre ambassadeur à Pétersbourg, se présenta chez l'impératrice mère pour lui annoncer le mariage de Napoléon, elle crut qu'il venait chercher sa réponse et s'empressa de lui dire qu'elle accordait sa fille à son maître. M. le duc, fort surpris, fut obligé de lui avouer qu'ayant pris l'ajournement pour un refus, on avait accepté les offres de l'Autriche, et qu'il venait lui annoncer le mariage de Marie-Louise avec son souverain.

Berthier, prince de Neufchâtel, reçut à Vienne la bénédiction nuptiale comme chargé de la procuration de l'Empereur, et bientôt la route de Strasbourg fut couverte de voitures qui conduisaient la maison de la nouvelle impératrice à Braunau, où elle devait congédier la sienne.

Marie-Louise avait alors dix-huit ans et demi, une taille majestueuse, une démarche noble, beaucoup de fraîcheur et d'éclat, des cheveux blonds qui n'avaient rien de fade, des yeux bleus, mais animés, une main, un pied qui auraient pu servir de modèles, un peu trop d'embonpoint peut-être, défaut qu'elle ne conserva pas longtemps en France; tels étaient les

1.

avantages extérieurs qu'on remarqua d'abord en elle. Rien n'était plus gracieux, plus aimable que sa figure, quand elle se trouvait à l'aise, soit dans son intérieur, soit au milieu des personnes avec lesquelles elle était particulièrement liée; mais, dans le grand monde et surtout dans les premiers moments de son arrivée en France, sa timidité lui donnait un air d'embarras que bien des gens prenaient à tort pour de la hauteur.

Elle avait reçu une éducation très soignée; ses goûts étaient simples, son esprit cultivé; elle s'exprimait en français avec facilité, avec autant d'aisance que dans sa langue naturelle. Calme, réfléchie, bonne et sensible, quoique peu démonstrative, elle avait tous les talents agréables, aimait à s'occuper et ne connaissait pas l'ennui. Nulle femme n'aurait pu mieux convenir à Napoléon. Douce et paisible, étrangère à toute espèce d'intrigue, jamais elle ne se mêlait des affaires publiques et elle n'en était instruite le plus souvent que par la voie des journaux. Pour mettre le comble au bonheur de l'empereur, la Providence voulut que cette jeune princesse, qui aurait pu ne voir en lui que le persécuteur de sa famille, l'homme qui, deux fois, l'avait obligée de fuir de Vienne, se trouvât flattée de captiver celui que la renommée proclamait le héros de l'Europe, et éprouvât bientôt pour lui le plus tendre attachement.

III

Arrivée de Marie-Louise à Braunau. — Sa maison. — Madame Murat. — Renvoi de madame Lajenski et d'un petit chien. — Rencontre de Napoléon et de Marie-Louise à Soissons.

Parmi le nombre des personnes qui l'attendaient à Braunau, il s'en trouvait plusieurs qui avaient connu Marie-Antoinette. Toutes se représentaient le chagrin que devait éprouver Marie-Louise en venant s'asseoir sur un trône où sa grand'tante avait trouvé tant de malheurs.

La princesse arriva : son abord n'eut rien de triste ; elle se montra gracieuse envers tout le monde et elle eut le talent de plaire presque généralement. Elle ne quitta pas sans attendrissement les personnes qui l'avaient accompagnée de Vienne, mais elle s'en sépara avec courage. Au moment où elle monta dans la voiture qui devait la conduire à Munich, le grand maître de sa maison, vieillard de soixante-cinq ans, qui l'avait suivie jusque-là, éleva ses mains jointes vers le ciel, en ayant l'air de l'implorer en faveur de sa jeune maîtresse, en la bénissant comme l'aurait fait un père. Ses yeux annonçaient une âme pleine de grandes pensées et de tristes souvenirs : ses larmes en arrachèrent d'autres à tous les témoins de cette scène attendrissante. De tout son cortège autrichien, il ne resta auprès de Marie-Louise que sa grande maîtresse, madame de Lajenski, à qui on avait permis de l'accompagner à Paris. Elle partit avec sa nouvelle maison, sans connaître une seule des personnes qui la formaient.

Il faut ici dire un mot sur la manière dont cette maison était composée. La princesse Caroline, madame Murat, alors reine de Naples, sœur de l'Empereur, avait été chargée de l'organiser, et elle était venue à Braunau pour recevoir sa belle-sœur. La duchesse de Montebello, belle, sage, mère de cinq enfants, qui avait perdu son mari à la dernière bataille, avait été nommée dame d'honneur, faible dédommagement que l'Empereur avait cru devoir lui accorder pour la perte d'un époux. La comtesse de Luçay, douce, bonne, ayant le meilleur ton et l'usage du grand monde, était sa dame d'atour. Je parlerai plus tard des dames du palais que leurs fonctions, entièrement subordonnées à l'étiquette, rapprochaient rarement de la personne de l'impératrice; chacune avait pourtant ses prétentions, que blessait la présence de madame de Lajenski; leurs plaintes à cet égard auprès de la reine Caroline la décidèrent à un acte de despotisme dont sa belle-sœur fut profondément blessée.

Madame Murat ambitionnait de prendre sur Marie-Louise un grand ascendant, et, avec une conduite plus adroite, il est possible qu'elle l'eût obtenu. M. de Talleyrand disait d'elle qu'elle avait la tête de Cromwell sur le corps d'une jolie femme. Née avec un grand caractère, une tête forte, de grandes idées, un esprit souple et délié, de la grâce, de l'amabilité, séduisante au delà de toute expression, il ne lui manquait que de savoir cacher son amour pour la domination ; et, quand elle n'atteignait pas son but, c'était pour vouloir y arriver trop tôt. Dès le premier instant qu'elle vit la princesse, elle crut avoir deviné son caractère, et elle se trompa complétement. Elle prit sa timidité pour de la faiblesse, son embarras pour de la gaucherie; elle crut n'avoir qu'à commander et elle se ferma pour toujours le cœur de celle qu'elle prétendait dominer.

La présence de madame de Lajenski avait excité la jalousie et les craintes de presque toutes les dames de la maison de l'impératrice. Elles intriguèrent, elles cabalèrent, elles dirent à la reine de Naples qu'elle n'obtiendrait jamais ni la confiance ni l'affection de sa belle-sœur, tant que celle-ci conserverait près d'elle une personne qui jouissait d'un crédit acquis par plusieurs années de soins et d'intimité. La dame d'honneur se plaignit que ses fonctions se réduiraient à rien, si la princesse gardait auprès d'elle une étrangère qui lui tiendrait lieu de tout. Enfin on décida la reine à demander à Marie-Louise le renvoi de sa grande maîtresse, quoiqu'on lui eût promis de la laisser près d'elle pendant un an. La princesse, qui désirait sincèrement gagner l'affection des personnes avec lesquelles elle allait vivre, n'opposa point de résistance, et madame de Lajenski retourna de Munich à Vienne, emportant avec elle un petit chien appartenant à Marie-Louise, et dont on avait exigé aussi qu'elle se privât, sous prétexte que l'Empereur s'était souvent plaint que ceux de Joséphine étaient insupportables. La princesse fit avec courage ces sacrifices dont l'odieux retomba sur la reine de Naples.

Ce qu'il y eut de plus mal dans la conduite de la reine, c'est que après avoir exigé de l'Impératrice son consentement au départ de madame de Lajenski, elle donna aux dames de l'intérieur l'ordre d'empêcher cette dame d'entrer chez l'Impératrice, si elle se présentait pour lui faire ses adieux. Cet ordre ne fut point exécuté; les deux dames, blessées de tant de dureté, firent entrer la grande maîtresse par une porte dérobée : elle passa deux heures avec son élève; et, malgré les reproches que cette conduite leur attira de la part de la reine, elles ne s'en sont jamais repenties.

L'Impératrice marchait à petites journées,

et une fête était préparée dans chaque ville où elle passait. A Munich, on lui remit une lettre de Napoléon, et les choses avaient été arrangées de manière que, tous les matins à son lever, un page arrivant de Paris lui en apportait une nouvelle. Elle y répondait avant son départ, et un page repartait pour la capitale de la France avec sa réponse. Ce commerce épistolaire dura pendant tout le voyage, qui fut de quinze jours; et l'on remarqua que Marie-Louise lisait chaque fois avec plus d'intérêt les billets qui lui étaient remis. L'Empereur avait une écriture très difficile à lire; madame la duchesse l'avait vue plusieurs fois dans les mains de son mari, elle aidait Marie-Louise à lire les billets doux de Napoléon; cette intimité et cette confiance furent probablement la cause du vif attachement que la souveraine eut pour sa dame d'honneur. Elle les attendait avec impatience; et, si quelque circonstance retardait l'arrivée du courrier, elle demandait à plusieurs reprises s'il n'était pas encore venu, et quel obstacle probable avait pu l'arrêter. Il faut croire que cette correspondance était pleine de charmes, puisqu'elle faisait déjà

naître un sentiment qui ne tarda pas à acqué-
quérir une grande force.

De son côté, Napoléon brûlait du désir de
voir sa jeune épouse : sa vanité était plus flattée
de ce mariage, qu'elle ne l'aurait été de la conquête d'un empire. Ce qui le charmait encore
davantage, c'est qu'il savait que Marie-Louise
y avait consenti volontairement et non en princesse qui se sacrifie à de grands intérêts politiques. On l'entendit plusieurs fois maudire
le cérémonial et les fêtes qui retardaient cette
entrevue si désirée et qui devait avoir lieu à
Soissons, où un camp avait été formé pour
la réception de l'Impératrice. Ne pouvant mo-
dérer son impatience, l'Empereur s'y rendit
vingt-quatre heures avant l'arrivée de la princesse ; et, dès qu'il apprit qu'elle n'en était
plus qu'à dix lieues, il partit avec le roi de
Naples pour aller au-devant d'elle. Les deux
voitures se rencontrèrent à quatre lieues de
Soissons : l'Empereur descendit de la sienne ;
on ouvrit celle de l'Impératrice, et il s'y précipita plutôt qu'il n'y monta. Le prince de
Neufchâtel avait remis à Marie-Louise un portrait de Napoléon. Elle l'avait regardé si sou-

vent, que ses traits lui étaient devenus familiers. Les quatre époux réunis, il y eut un moment d'examen et de silence. L'Impératrice le rompit la première d'une manière flatteuse pour l'Empereur, en lui disant :

— Sire, votre portrait n'est pas flatté.

Il l'était, pourtant, mais déjà l'amour exerçait sa douce influence, et elle voyait l'Empereur avec des yeux prévenus. Napoléon la trouva charmante, et il était si enthousiasmé, qu'à peine voulut-il s'arrêter quelques instants à Soissons où il avait été décidé qu'on coucherait, et l'on se rendit de suite à Compiègne. Il paraît que les prières de Napoléon, unies aux instances de la reine de Naples, décidèrent Marie-Louise à ne rien refuser à son trop heureux mari.

III

NAPOLÉON

Cérémonie du mariage religieux. — Sa vie. — Ses habitudes privées. — Ses mœurs publiques. — Son caractère. — Traits de bonté et de bienfaisance.

Tout le monde a lu les détails de la cérémonie du mariage religieux de l'Impératrice et de l'Empereur. La grande galerie du Louvre, parfaitement décorée, garnie de six rangs de banquettes de chaque côté, était occupée par des femmes richement parées : au fond, la chapelle provisoire où le clergé attendait les époux. L'Empereur, en arrivant, donnait la main à l'Impératrice dont le manteau était porté par quatre reines : celles de Naples, d'Espagne, de Hollande et de Wurtemberg, suivies par les rois et les grands officiers de la couronne. C'était un spectacle magnifique pour le public.

Nous en avions un autre dans l'intérieur. L'Empereur, avec le costume espagnol en satin blanc brodé en or, le manteau pareil couvert d'abeilles d'or, coiffé d'une toque en velours noir, garnie de huit rangs de diamants et de trois plumes blanches attachées par un nœud au milieu duquel brillait le diamant nommé le Régent, avait été fort longtemps avant que toute cette toilette lui convînt. La toque surtout fut placée et déplacée plusieurs fois, et nous essayâmes bien des manières de la poser; enfin nous réussîmes. L'embarras des rois pour se draper avec grâce dans leurs manteaux nous faisait rire malgré nous. Les quatre reines condamnées à porter le manteau en étaient fort contrariées, et, malgré nos avis, s'y prenaient fort mal. Nous occupâmes leurs places jusqu'à l'entrée de la galerie, et là elles nous remplacèrent.

Je dois placer ici le portrait de Napoléon. Il était âgé de quarante et un ans. Dans sa jeunesse, il était fort maigre, avait le teint olivâtre, la figure longue et les yeux couverts ; l'ensemble de sa physionomie n'était rien moins qu'agréable.

Napoléon, dans les camps et dans ses premières campagnes, ne craignait aucune fatigue, bravait les plus mauvais temps, couchait sous une mauvaise tente, et semblait oublier tous les soins de sa personne. Dans son palais, il se baignait presque tous les jours, se frottait tout le corps d'eau de Cologne, et changeait quelquefois de linge plusieurs fois dans la journée. Son costume de prédilection était celui des chasseurs à cheval de la garde. Dans ses voyages, tout logement lui semblait bon, pourvu que le moindre jour ne pût pénétrer dans sa chambre à coucher; il n'y supportait même pas une veilleuse. Sa table était chargée des mets les plus recherchés, mais il n'y touchait jamais : une poitrine de mouton grillée, des côtelettes, un poulet rôti, des lentilles ou des haricots, étaient ce qu'il mangeait de préférence. Il était difficile sur la qualité du pain et ne buvait que du meilleur vin, mais en très petite quantité. On a prétendu qu'il buvait tous les jours huit ou dix tasses de café; c'est une fable qu'il faut reléguer avec tant d'autres ; il n'en prenait qu'une demi-tasse après son déjeuner, et autant après avoir dîné. Il est vrai cependant qu'il était tellement distrait et préoccupé, qu'il lui est arrivé quelquefois de demander son café immédiatement après l'avoir bu, et de soutenir qu'il n'en avait pas pris. Il mangeait très vite, et se levait de table dès qu'il avait fini, sans s'inquiéter si ceux qui y étaient admis avaient eu le temps de dîner. On a encore prétendu qu'il prenait les plus grandes précautions pour ne pas être empoisonné : nouveau mensonge ; peut-être n'en prenait-il pas assez. Tous les matins, on apportait son déjeuner dans une antichambre où étaient admis indifféremment tous ceux qui avaient obtenu un rendez-vous et qui y attendaient quelquefois fort longtemps. Les plats, tenus chauds, y restaient souvent déposés plusieurs heures, en attendant qu'il donnât ordre qu'on servît. Le dîner était apporté par des valets de pied, dans des paniers couverts ; mais rien au monde n'eût été plus facile que d'y glisser du poison si l'on en eût eu l'intention.

Il avait le verbe haut ; et, quand il était en

gaieté, ses éclats de rire s'entendaient de fort loin. Il aimait à chanter, quoiqu'il eût la voix très fausse et qu'il n'ait jamais pu mettre une chanson sur l'air. Il avait beaucoup de plaisir à chanter : *Ah! c'en est fait, je me marie*, ou : *Si le roi m'avait donné Paris, sa grand'ville*.

Il réglait chaque année le budget de sa maison ; il se faisait remettre les états de chaque dépense, discutait les articles ; et, lorsqu'il en formait le total, il retranchait encore vingt, trente ou quarante mille francs sur la masse, en disant que c'était assez, et qu'il fallait faire aller le service avec ce qu'il donnait. En vain le grand maréchal, le grand écuyer, le grand veneur, le grand chambellan, se plaignaient et faisaient des représentations : elles étaient inutiles, et, d'ailleurs, le service n'en allait pas moins bien.

L'Empereur avait le même usage avec ses ministres : il retranchait, supprimait en détail ; et lorsque le budget était fait, il en ôtait encore un sixième ou un quart. Tous murmuraient et disaient que le service souffrirait : il se moquait d'eux, et c'est tout ce qu'ils obtenaient. Forcé de faire des économies, chacun s'en occupait dans son département, et finissait par avoir assez de ce qui lui avait été accordé.

Toutes les personnes qui ont vécu près de l'Empereur savent qu'il avait du tact, de l'esprit, qu'il savait mener et employer les hommes. C'est à ce talent qu'il a dû sa puissance. On a dit qu'il méprisait en général tous ceux qui l'entouraient ; j'ignore si cela est vrai, mais ce que j'ai vu, c'est qu'il était froid et poli avec ceux qu'il n'aimait pas, et qu'il ne disait des choses dures et désobligeantes qu'à ceux qu'il aimait. Cependant jamais cela n'allait jusqu'aux expressions de mépris. Je puis affirmer que les propos qu'on lui prête dans certaines brochures sont de toute fausseté. Il n'a point dit que les chambellans étaient des valets, dont toute la différence était d'avoir une livrée rouge au lieu de l'avoir verte. Le propos à l'égard de Savary est également faux : l'Empereur n'eût jamais dit *qu'il aimait* Savary, parce qu'il tuerait son père s'il le lui ordonnait. C'est une bêtise atroce qui n'a pu être crue par une personne sensée. Beaucoup de gens veulent aujourd'hui avilir Napoléon. Je suis persuadé que ce sont ceux qui l'ont le

2.

plus encensé qui, aujourd'hui, crient le plus haut contre lui. Tant de gens veulent faire oublier que, sans lui, ils seraient restés dans les dernières classes de la société; mais ils se trompent : leurs cris ne font que réveiller des souvenirs qui ne leur sont rien moins que favorables. Napoléon eut assez de torts sans qu'on ait besoin de lui en prêter. On ne peut le diffamer sans insulter à la nation dont il fut dix ans le chef, et aux souverains qui s'allièrent à lui.

J'ai dit plus haut qu'il avait de l'esprit : j'ajouterai qu'il avait des connaissances générales sur tous les objets; il n'était étranger à aucun art, il aimait les lettres et appréciait les hommes instruits; il sut distinguer et attacher à sa personne, comme grand maître des cérémonies, M. le comte de Ségur, dont l'esprit, les chansons et l'amabilité étaient citées longtemps avant qu'on connût les ouvrages qui lui assurent une place si honorable parmi les hommes de lettres. Sa famille, où l'esprit paraît héréditaire, fut, ainsi que lui, placée à la cour. M. le comte y fut toujours un courtisan aimable sans bassesse; on ne le compta jamais ni dans les rangs des flatteurs, ni, depuis la chute, dans ceux des diffamateurs. Napoléon, nommé premier consul, apprit que le maréchal de Ségur vivait à Versailles dans une position de fortune très malheureuse. Il chargea le comte de Ségur de lui amener son père aux Tuileries. Dès qu'il parut, le premier consul fut au-devant de lui; la garde consulaire formant la haie battit aux champs. Cette marque d'honneur, supprimée depuis longtemps, toucha vivement le vieux général à qui Napoléon annonça en même temps que sa pension de 6000 francs était rétablie, et qu'il pouvait en toucher le premier semestre.

Napoléon, dans les premiers temps de son étonnante fortune, n'imitait pas la conduite de ces parvenus qui ne craignent rien tant que de rencontrer des témoins de leur premier état. Il accueillait ceux qu'il avait connus autrefois, leur rendait service et conservait même avec eux son ancienne familiarité. Le jour où il fut nommé premier consul, il envoya un courrier à Saint-Denis, porter une lettre à M. Rulhière, qui avait été en même temps que lui sous-lieutenant dans le régiment de La Fère, pour lui annoncer qu'il l'avait choisi pour son secrétaire. Il le nomma ensuite secrétaire général de la commission du gouvernement qu'il venait d'établir en Piémont; enfin il lui donna la préfecture d'Aix-la-Chapelle. Mais jamais Rulhières n'en prit possession : il avait été attaqué en Piémont d'une maladie à laquelle tout l'art de la médecine ne put rien connaître, et il en mourut à Paris, où il était venu pour consulter.

L'embonpoint que Napoléon acquit avec l'âge fit paraître sa figure plus arrondie, sa peau plus blanche; ses yeux prirent plus d'éclat, sa physionomie de la noblesse et beaucoup d'expression.

Pendant les trois premiers mois qui suivirent son mariage, l'Empereur passa auprès de l'Impératrice les jours et les nuits; les affaires les plus urgentes pouvaient à peine l'en arracher quelques instants; lui, qui aimait passionnément le travail, qui s'occupait quelquefois avec ses ministres huit ou dix heures de suite sans en être fatigué, qui lassait successivement plusieurs secrétaires, convoquait maintenant des conseils auxquels il n'arrivait que deux heures après qu'ils étaient assemblés; il donnait fort peu d'audiences particulières et il fallait l'avertir plusieurs fois pour celles qu'il ne pouvait se dispenser d'accorder. On était surpris d'un tel changement ; les ministres jetaient les hauts cris ; les vieux courtisans observaient et disaient que cet état était trop violent pour pouvoir durer. L'Impératrice seule ne doutait pas de la continuation d'un sentiment qu'elle partageait et qui faisait son bonheur.

Napoléon n'avait pas toujours été, disait-on, aussi aimable dans son intérieur. Il était vif, bouillant et colère, sujet à des crispations nerveuses qui ont donné lieu à mille contes plus ridicules les uns que les autres : on disait qu'il était épileptique, que cette maladie lui prenait souvent, et qu'il était trois et quatre heures sans connaissance.

Rien n'est plus absurde que ces *on dit*. J'en ai parlé à un de ses valets de chambre, qui m'a assuré que, depuis dix ans qu'il était à son service, il n'avait jamais rien vu ni découvert qui pût justifier l'opinion populaire, et je puis justifier moi-même que, pendant les quatre années que j'ai passées auprès de l'Impératrice, je n'ai jamais vu à l'Empereur aucun symptôme d'une pareille incommodité.

Gai, familier dans son intérieur, il aimait à tirer les oreilles, à pincer les joues, ce qui lui arrivait souvent envers le maréchal Duroc, Berthier, Savary, et plusieurs de ses aides de camp. Je l'ai vu, assistant à la toilette de l'Impératrice, la tourmenter, lui pincer le cou et la joue. Si elle se fâchait, il la prenait dans ses bras, l'embrassait, l'appelait grosse bête, et la paix était faite. Lorsque l'Empereur voulait adresser ses plaisanteries à madame de Montebello, elle le repoussait avec humeur, et il cessait à l'instant.

Il était aimable et bon pour ceux qui l'entouraient. Entre mille exemples, en voici un : chacun sait qu'il aimait beaucoup la chasse. Le prince Berthier, alors grand veneur, l'aimait aussi ; mais il préférait chasser dans sa terre de Gros-Bois, plutôt qu'avec l'Empereur. Un jour qu'elle était commencée, Berthier vint au lever de l'Empereur qui lui demanda :

— Quel temps fait-il ?

— Mauvais temps, Sire.

— Et la chasse, comment ira-t-elle ?

— Mal, car les chiens n'auront pas de nez.

— Il faut la remettre.

L'ordre est donné, et à onze heures l'Empereur vient déjeuner chez l'Impératrice. Il faisait un très beau soleil, c'était au mois de février. Ils conviennent de faire un tour à pied et d'emmener Berthier. On le fait demander, et l'Empereur apprend qu'il est parti pour chasser à Gros-Bois. Il rit beaucoup de la mystification que Berthier lui avait fait éprouver, et se promit bien de ne plus s'en rapporter à lui pour le temps.

L'Empereur voulait être maître dans les affaires importantes, mais il souffrait et aimait même la contradiction. Lorsqu'il était chez Marie-Louise, il contrariait les premières dames sur mille choses. Il arrivait souvent qu'on lui tenait tête ; il poussait la discussion et riait de bon cœur lorsqu'il parvenait à fâcher nos jeunes personnes très franches et sans usage, qui lui disaient des choses fort plaisantes par leur naïveté.

Un jour qu'il entrait dans un des salons de l'Impératrice, il y trouva une jeune personne, mademoiselle M.., qui y était assise, le dos tourné vers la porte. Il fit signe à ceux qui se trouvaient en face de lui de garder le silence, et, s'avançant doucement derrière elle, il lui cacha les yeux avec ses mains. Elle ne connaissait que M. Bourdier, homme âgé et respectable, attaché à l'Impératrice en qualité de premier médecin, qui pût se permettre une telle familiarité avec elle; aussi ne douta-t-elle pas un instant que ce ne fût lui.

— Finissez donc, M. Bourdier! s'écria-t-elle; croyez-vous que je ne reconnaisse pas vos grosses vilaines mains? (L'empereur les avait très belles.)

— De grosses vilaines mains! répéta l'Empereur en lui rendant l'usage de la vue, vous êtes difficile!

La pauvre jeune personne fut si confuse, qu'elle fut obligée de se réfugier dans une autre pièce.

Une autre fois, il était dans la chambre de l'Impératrice pendant qu'on l'habillait; il marcha, sans le vouloir, sur le pied de la dame qui présidait à la toilette, madame D..., et se mit à l'instant à pousser un grand cri, comme s'il se fût blessé lui-même.

— Qu'avez-vous donc? lui demanda vivement l'Impératrice.

— Rien, répondit-il en partant d'un éclat de rire ; j'ai marché sur le pied de madame et j'ai crié pour l'empêcher de le faire ; vous voyez que cela m'a réussi.

Dans l'automne qui suivit le mariage de l'Empereur, la cour fut passer quelque temps à Fontainebleau. Il faisait froid et humide dans ce grand château. Il y avait du feu partout, excepté chez l'Impératrice qui, habituée aux poêles, prétendait que le feu l'incommodait. Un jour, l'Empereur vint passer quelque temps près d'elle. En sortant, il se plaint du froid et dit à la dame de service de faire faire du feu. Lorsque l'Empereur fut parti, l'Impératrice défendit qu'on en fît. La dame de service était mademoiselle Rabusson, jeune personne sortie nouvellement d'Écouen, très franche et très naturelle. L'Empereur revint deux heures après et demanda pourquoi on n'avait pas exécuté ses ordres.

— Sire, dit la dame, l'Impératrice ne veut pas de feu ; elle est chez elle, et je dois lui obéir.

L'Empereur rit beaucoup de cette réponse et, en rentrant chez lui, il dit au maréchal Duroc qui s'y trouvait :

— Savez-vous ce qu'on m'a dit chez l'Impératrice? que je n'étais pas chez moi, et qu'on ne m'y ferait pas de feu.

Cette réponse amusa quelques jours le château.

Un jour que Napoléon déjeunait avec Marie-Louise, il s'aperçut qu'il avait oublié son mouchoir. On s'empressa de lui en présenter un; il le déplia et, le voyant brodé et garni de dentelle, il demanda ce qu'il pouvait coûter.

— Mais, 80 à 100 francs, répondit madame D.., à qui la question était adressée.

— Si j'étais première dame, j'en volerais un tous les jours.

— Il est fort heureux, Sire, que nous ayons plus de probité que Votre Majesté.

— C'est bien fait, dit l'Impératrice, tu n'as que ce que tu mérites.

L'empereur s'amusa de la réponse.

Napoléon aimait beaucoup les enfants, et souvent ceux de la reine Hortense et de son frère Louis venaient déjeuner avec Marie-Louise et lui. Il aimait à les contrarier. Un jour que les deux fils d'Hortense déjeunaient avec eux, le petit prince Louis, âgé de trois ans et demi, mangeait un œuf à la coque. Napoléon lui fait tourner la tête en lui désignant un joujou à regarder et enlève son œuf. L'enfant, ne le retrouvant plus, prend son couteau et dit à l'empereur :

— Rends-moi mon œuf, ou je te tue.
— Comment, coquin, tu veux tuer ton oncle?
— Je veux mon œuf, ou je te tue.

L'Empereur le lui rendit en disant :

— Tu seras un fameux gaillard.

Une autre fois, la fille de la princesse Élisa, enfant de cinq ans et très fière, déjeunait également avec l'Empereur.

— Comment, Mademoiselle, lui dit-il d'un air fort sérieux, j'ai appris de belles choses. Vous avez p.... au lit cette nuit? (C'était un conte qu'il faisait.)

La petite princesse se lève droite sur son fauteuil et, avec un air de dignité blessée :

— Mon oncle, répond-elle, si vous n'avez que des bêtises à dire, je m'en vais.

L'Empereur rit, mais il eut beaucoup de peine à la faire rasseoir. Un autre jour qu'il lui adressait un propos du même genre :

— Retournons à Florence, dit l'enfant à sa

gouvernante, qui était présente, ici on ne me connaît pas.

On a rapporté plusieurs traits de bienfaisance et de bonté de Napoléon, qui sont trop connus pour que je les répète ici : en voici un qui, je crois, n'a jamais été cité. Étant à la chasse dans la forêt de Compiègne, il était descendu de cheval et se promenait, accompagné seulement de M. le duc de Vicence; il rencontra deux bûcherons qui, fatigués de leur travail, se reposaient un instant, assis sur un tronc d'arbre. Ils avaient servi dans les troupes françaises qui avaient fait la guerre en Égypte. L'un des deux reconnut l'Empereur et se leva aussitôt. M. de Caulaincourt voulut faire lever l'autre.

— Non, dit Napoléon, non ; ne voyez-vous pas qu'ils sont fatigués?

Il fit rasseoir celui qui était debout, s'assit lui-même quelques instants sur le même tronc d'arbre, causa avec eux de l'expédition d'Égypte et de leurs affaires particulières, et, ayant appris que l'un d'eux n'avait pas obtenu de pension de retraite, il la lui accorda, et donna dix napoléons à chacun en les quittant.

IV

Napoléon organise l'intérieur de la maison de Marie-Louise. — Rivalités de femmes. — L'orfèvre Biennais. — M. Paër.

L'Empereur n'était pas jaloux, et cependant il avait entouré sa jeune épouse d'une foule d'entraves qui ressemblaient aux précautions de la jalousie. Elles avaient pourtant leur principe dans des idées plus libérales. Il connaissait les mœurs relâchées de sa cour, et il voulut organiser à l'Impératrice un intérieur qui la rendît inaccessible au plus léger soupçon. La dame d'honneur, la dame d'atour et les dames d'annonces, avaient seules le droit d'entrer à toute heure chez elle. L'Empereur, en organisant la maison de l'Impératrice, avait, comme dans toute autre chose, des vues très élevées, mais il fut souvent contrarié dans son exécution par les petites passions de ceux qui l'entouraient.

Du temps de l'impératrice Joséphine, il y avait quatre dames d'annonces dont l'unique fonction était de garder la porte de l'appartement intérieur. L'Impératrice admettait plusieurs personnes dans son intimité. Il arriva des rivalités entre les dames du palais et les dames d'annonces, qui occasionnèrent entre elles des débats très fâcheux. Ces débats avaient fatigué l'Empereur; ils furent cause que, sachant la vie sédentaire que menaient les dames consacrées à l'éducation des filles des membres de la Légion d'honneur, dans la maison impériale d'Écouen, il chargea la reine de Naples d'écrire à madame Campan, surintendante de cette maison, pour qu'elle en choisît quatre pour être attachées à la nouvelle Impératrice. Il exigea que la préférence fût donnée aux filles et veuves de généraux et annonça qu'à l'avenir, ces places appartiendraient aux élèves de la maison impériale d'Écouen et deviendraient la récompense de leur bonne conduite. Il tint parole; quelques mois après, ayant porté le nombre de ces dames à six, ce furent deux élèves, mesdemoiselles Malerot et Rabusson, filles et sœurs d'officiers supérieurs distingués, qui furent nommées. Ces six dames, qui portèrent d'abord le titre de *dames d'annonces*, parce qu'elles étaient chargées d'annoncer les personnes qui se présentaient, mais qui furent ensuite nommées *premières dames* de l'Impératrice, parce qu'elles étaient véritablement chargées de tout le service intérieur, avaient sous leurs ordres six femmes de chambre; mais celles-ci n'entraient chez l'Impératrice que lorsque la sonnette les y appelait, au lieu que les premières dames, dont quatre étaient de service tous les jours, passaient auprès d'elle la journée tout entière. Elles entraient chez l'Impératrice avant qu'elle fût levée, et ne la quittaient plus qu'elle ne fût couchée. Alors toutes les issues donnant dans sa chambre étaient fermées, une seule exceptée, qui conduisait dans une autre pièce, où couchait celle de ces dames qui avait le principal service, et l'Empereur même ne pouvait entrer, la nuit, chez son épouse, sans passer par cette chambre. Aucun homme, à l'exception des officiers de santé, de MM. de Maineval et Ballouhai, n'était admis dans les appartements intérieurs de l'Impératrice sans un ordre de l'Empereur; le premier était secrétaire de ses commandements, et le second intendant de ses dépenses. Les dames mêmes, excepté la dame d'honneur et la dame d'atour, n'y étaient reçues qu'après avoir obtenu un rendez-vous de Marie-Louise. Les dames de l'intérieur étaient chargées de faire exécuter ces règlements; elles étaient responsables de leur exécution. Une d'elles assistait aux leçons de musique, de dessin, de broderie, que prenait l'Impératrice. Elles écrivaient sous sa dictée ou par son ordre, et remplissaient les fonctions de lectrices et de dames d'intérieur. Cette vie était pénible sans doute; mais elles avaient pris à Écouen l'habitude de la retraite; les bontés que leur témoignait leur souveraine en adoucissaient les désagréments, et elles la servaient encore plus par affection que par devoir.

Leur présence continuelle dans l'intérieur des appartements où l'Empereur venait souvent, parce que l'Impératrice y passait une partie de ses journées, excita la jalousie et l'envie de plusieurs dames du palais. Ne pouvant attaquer leur conduite, qui était parfaitement régulière, elles cherchèrent à les humilier. Ce fut à leur sollicitation que Napoléon changea le titre de *dames d'annonces* en celui de *premières femmes de chambre,* titre qui n'avait aucun rapport avec les fonctions que ces dames remplissaient.

Le titre donné aux dames d'Écouen était un titre sans fonctions, puisqu'elles ne se mêlaient pas de la toilette. Un jour que l'Empereur déjeunait avec l'Impératrice, il dit à madame D... qui les servait :

— Vous devez être contente, j'ai donné ordre que l'on choisisse des capitaines de ma garde pour maris de vos jeunes personnes.

— Sire, des capitaines de votre garde n'épouseront pas des femmes de chambre.

— Eh! pourquoi? Elles seront présentées après leur mariage; d'ailleurs, madame la baronne de Misery n'était-elle pas femme de chambre de Marie-Antoinette?

— Depuis lors, Sire, une révolution s'est

faite dans les idées; ce qui, alors, était honoré, ne l'est plus aujourd'hui. Lorsque Votre Majesté demanda des dames d'Écouen pour faire partie de la maison de l'Impératrice, nous dûmes croire que, quittant une position honorable et respectée, nous ne devions pas déchoir. Mais, Sire, veuve d'un général [1], ayant un fils, dois-je le faire rougir de la position de sa mère? Si Votre Majesté persiste dans l'intention de nous donner ce titre, malgré ma profonde douleur de quitter l'Impératrice, je la supplierai de me renvoyer à Écouen.

L'Empereur se mit à rire de ma vivacité et parla d'autres choses. Lorsqu'il fut parti, Marie-Louise, qui avait toujours été parfaitement bonne pour moi, me demanda comment j'avais osé tenir tête à l'Empereur, et me dit qu'elle avait craint qu'il ne me renvoyât à Écouen.

— Madame, l'Empereur est juste et a dû comprendre ma susceptibilité.

---

1. Le général Durand commandait le fort Vauban en 1793, il fut bombardé et obligé de se rendre aux Autrichiens après la défense la plus honorable; il fut emmené en Hongrie. Échangé après la mort de Robespierre, il se retira dans sa famille et n'a plus voulu servir depuis. Le général est mort en 1807.

Quelques jours après, nous fûmes toutes six nommées lectrices.

Dans tous les voyages de la cour, toujours une des premières dames couchait dans une chambre à côté de celle de l'Impératrice, et par laquelle il fallait nécessairement passer pour y arriver.

Je vais citer deux exemples de la rigidité que l'Empereur mettait à l'exécution de ses ordres.

L'orfèvre Biennais avait fait faire pour l'Impératrice un serre-papier renfermant plusieurs secrets qu'elle seule devait connaître; il fallait qu'il pût les lui montrer. Marie-Louise en parla à son époux qui lui permit de recevoir Biennais; ce dernier fut mandé à Saint-Cloud. Arrivé, on l'introduisit dans le salon de musique; il était à un bout avec Sa Majesté, et une première dame, madame D..., était dans la même pièce, mais assez loin pour ne pas entendre l'explication. Au moment où elle fut terminée, l'Empereur arriva, et, voyant Biennais, demanda qui était cet homme; l'Impératrice s'empressa de le nommer, d'expliquer ce qu'il était venu faire, et la permission que lui-même avait donnée de l'admettre en sa présence. L'Empereur nia formellement ce dernier article, prétendit que la dame de service avait tort, lui adressa une sévère réprimande, que l'Impératrice eut toutes les peines du monde à faire cesser, quoi qu'elle lui dit :

— Mais, mon ami, c'est moi qui ai ordonné de faire venir Biennais. »

L'Empereur riait et lui disait que cela ne la regardait pas, que la dame était responsable de ceux qu'elle laissait entrer, qu'elle seule avait tort et qu'il espérait que cela n'arriverait plus.

Voici le second exemple.

Marie-Louise avait pour maître de musique un homme qui avait été attaché à sa mère au même titre (M. Paër). Un jour qu'il était à donner sa leçon, la dame de service, la même madame D..., eut un ordre à transmettre : elle ouvrit une porte, et la moitié du corps passée par cette porte, elle le donnait, lorsque Napoléon entra ; ne la voyant pas tout de suite, il crut qu'elle n'y était pas. Le maître de musique sortit ; il lui demanda alors où elle était à son arrivée. Elle lui observa qu'elle n'avait pas quitté l'appartement ; il ne voulut pas le croire et lui fit un long sermon dans lequel il lui dit qu'il ne voulait pas qu'un homme, de quelque rang qu'il fût, pût se flatter d'être resté deux secondes avec l'Impératrice. Il ajouta avec vivacité :

— Madame, j'honore et je respecte l'Impératrice ; mais la souveraine d'un grand empire doit être placée hors de l'atteinte d'un soupçon.

On peut juger, d'après ces deux exemples, quelle confiance on doit accorder à l'anecdote qu'on a fait courir sur Leroy, marchand de modes; on prétendait qu'il avait été exclu du palais pour avoir dit à l'Impératrice, en lui essayant une robe, qu'elle avait de belles épaules. Je connais assez M. Leroy pour être sûr que, s'il avait été admis dans l'intérieur, il n'eût pas tenu le propos qu'on lui prête; il a trop de tact et l'usage de la cour pour dire une chose aussi inconvenante; mais il n'en a pas eu l'occasion. Quoiqu'il fît faire chez lui les robes de Marie-Louise sur un modèle qu'on lui avait remis, jamais ni lui ni personne de sa maison ne les ont essayées à l'Impératrice ; c'étaient les femmes de chambre qui lui indiquaient les changements qu'il y avait à faire;

il en était de même des autres marchands ou marchandes de modes, du faiseur de corsets, du cordonnier, du gantier, etc. Aucun fournisseur ne voyait et ne parlait à l'Impératrice dans son intérieur.

V

Madame de Luçay. — Le général Lannes. — Mot de Joséphine. — Le duc et la duchesse de Montebello. — Corvisart. — Le préfet *Mèredequi*.

Madame de Montebello, dame d'honneur, et madame de Luçay, dame d'atour, allaient tous les matins passer une heure ou deux avec l'Impératrice. On serait tenté de croire qu'il y a une fatalité attachée à ces deux places. Jamais, dans aucun temps, les dames qui les ont remplies à la cour de France n'ont pu vivre en paix. Les mémoires de mesdames de Motteville et Campan prouvent la vérité de cette observation ; en voici un nouvel exemple.

Madame de Montebello et madame de Luçay ne se sont jamais aimées depuis qu'elles furent attachées à l'Impératrice. La première avait rendu, à ce qu'il paraît, de très mauvais services à cette dernière. Il en résulta un éloignement d'autant plus remarquable qu'il venait de madame de Montebello et d'autant plus étonnant que madame de Luçay est douce, bien élevée, d'une conduite parfaite, incapable de nuire, même à son ennemi (si elle pouvait en avoir un), n'ayant de force et de courage que pour défendre les absents et nullement pour se défendre elle-même; possédant la tenue et tout l'usage nécessaire pour vivre à la cour, où elle était depuis bien des années. Son mari avait été un des premiers qui s'étaient attachés à la fortune de Napoléon ; il était alors propriétaire du château de Valençay ; il fut nommé préfet de l'Indre, devint ensuite préfet du palais ; madame de Luçay fut alors nommée dame du palais de Joséphine. L'Empereur, n'ayant eu qu'à se louer d'elle, l'attacha à sa jeune épouse comme *dame d'atour*.

Madame de Montebello était sortie de la classe bourgeoise. Sa mère, femme estimable, avait présidé à son éducation ; mais, n'ayant pas vécu dans la haute société, elle ne put donner à sa fille ni les idées ni les sentiments dont elle aurait eu besoin pour remplir dignement la place importante à laquelle elle fut appelée.

Elle parut à la cour, comme épouse du général Lannes; elle avait une figure de vierge et un grand air de douceur : elle plut généralement, quoiqu'elle eût dans le caractère beaucoup de froideur et de sécheresse. On la vit très peu à la cour dans le commencement de son mariage, parce que son mari exigeait qu'elle le suivît dans ses voyages. Né dans la classe des plébéiens, ce général avait, par des actions d'éclat, mérité et obtenu l'amitié et la faveur de Napoléon. Lorsqu'il créa une nouvelle noblesse, il accorda au général Lannes le titre de duc. Celui-ci n'en fut pas content, et il disait hautement qu'il avait mérité celui de prince, mieux que tous ceux qui l'avaient obtenu. Sa franchise était extrême, et il fut presque le seul homme qui ne déguisa jamais sa pensée devant l'Empereur. Il détestait souverainement l'ancienne noblesse, et principalement les émigrés; il avait fait l'impossible pour détourner Napoléon de les rappeler en France et surtout de les attacher à sa personne. Il avait même eu des querelles assez vives à ce sujet avec l'Impératrice Joséphine qui les protégeait. Il ne cherchait pas à cacher cette aversion : les émigrés, qui en étaient instruits, lui rendaient bien ce même sentiment.

Un jour qu'il s'en trouvait un assez grand nombre dans un salon des Tuileries, que Lannes avait traversé pour se rendre chez l'Empereur, ils affectaient de se placer devant lui, de manière à lui intercepter le passage. A l'instant, le général tire son sabre, en jurant qu'il couperait les oreilles à quiconque l'empêcherait de passer. Dès lors il ne trouva plus d'obstacles ; chacun s'empressa de s'écarter, car on n'ignorait pas qu'il était homme à tenir parole.

Un autre jour qu'il avait inutilement fait de nouvelles instances à Napoléon pour l'engager à n'admettre près de lui aucun émigré, il finit par s'emporter, et, le tutoyant comme il faisait quelques années auparavant :

— Tu n'en veux faire qu'à ta tête, lui dit-il ; mais tu t'en repentiras. Ce sont des traîtres ; tu les combleras de bienfaits, et ils t'assassineront s'ils en trouvent l'occasion.

Cette sortie lui valut un exil momentané.

Cette disgrâce, qu'il attribua encore aux émigrés, ne diminua pas sa haine contre eux. Mais celui pour lequel il affichait toujours le plus de mépris était Murat. Né dans la classe ordinaire du peuple, Murat, comme Masaniello, fut destiné à jouir de l'autorité suprême à Naples, et, comme lui, à finir ses jours d'une manière non moins tragique, avec cette différence cependant que, jusqu'au dernier moment, il conserva cette force d'âme et cette énergie qui l'avaient si bien caractérisé toute sa vie.

Il était connu dans l'armée par une bravoure à toute épreuve, bien que ses compagnons d'armes ne lui accordassent pas les qualités principales qui constituent un grand général. Joséphine disait, en parlant de Murat (qu'elle n'aimait guère plus que sa femme) : « Que cet homme sentait la poudre à canon d'une lieue et qu'il aurait sabré le Père éternel lui-même. » Son mariage avec la sœur de l'Empereur fut une des causes principales de son élévation ; même à cette époque, le premier consul n'aurait pas souffert que son beau-frère restât confondu dans la foule des généraux de la République. Il le plaçait toujours à la tête de son avant-garde, et son impétueuse valeur obtenait des succès qui n'étaient jamais indécis.

Murat aimait le faste et la dépense, et plus d'une fois il eut recours à la générosité de son beau-frère qui lui payait les dettes qu'il avait contractées, non sans le réprimander vertement sur ses prodigalités et le luxe qu'il affichait même étant en campagne. Lorsqu'il fut nommé prince, il se rendit dans le département du Lot, où il était né et où était encore toute sa famille. Il en réunit tous les membres, riches ou pauvres, dans un dîner qu'il leur donna. Il se fit rendre compte de la situation de chacun : plusieurs étaient très misérables; mais le nouveau prince eut le bon esprit de ne rougir de personne. Tous, jusqu'aux plus petits arrière-cousins, trouvèrent dans ses bienfaits une existence douce et heureuse.

Revenons au maréchal Lannes.

Il n'est donc pas étonnant qu'il ait pu inspirer les mêmes sentiments à sa femme, et elle en donna, dans la suite, plus d'une preuve. Sa société intime ne se composait que de sa famille, et elle ne recevait d'autre étranger que le docteur Corvisart, premier médecin de l'Empereur.

M. Guéhéneuc, son père, était lié avec ce médecin par des rapports de goûts et d'habitudes, et cette compagnie n'était pas celle qu'on eût pu désirer pour une jeune femme destinée à vivre auprès du trône.

Madame la duchesse avait trente ans à l'époque dont je parle; parée, elle avait une des belles têtes de la cour, une figure douce, calme; un air froid, qu'elle rendait gracieux lorsqu'elle le voulait bien, en faisait encore une très jolie femme. N'aimant que ses enfants et sa famille, elle avait toujours joui de la meilleure réputation : c'est ce qui lui valut la place de dame d'honneur. L'empereur disait qu'il la lui avait donnée parce qu'*elle était véritablement dame d'honneur.* Mais, si elle convenait à sa place par ses mœurs, elle y convenait peu. par son caractère: Madame de Montebello, habituée à son intérieur, aimant ses aises, détestant toute espèce de gêne, naturellement indolente et sans activité, ne pouvait se plaire dans des fonctions qui la mettaient hors de toutes ses habitudes; elle ne s'y plut jamais. Redoutant de demander, de solliciter, et cependant obligée, par sa place, de le faire pour beaucoup de personnes, dont le nombre croissait avec sa faveur, elle en oublia ou en négligea plusieurs qui devinrent ses ennemis. Elle ne savait jamais adoucir un refus; les siens étaient courts et secs. Obtenait-elle une faveur ou était-elle chargée d'annoncer une grâce obtenue ? c'était avec le même ton, sans intérêt, et comme une chose qui lui était parfaitement étrangère qu'elle le faisait.

Cette conduite éloigna d'elle une foule de personnes qu'un mot gracieux lui eût attachées. On lui reprochait d'être haute, exigeante avec ses égaux, fière et dédaigneuse avec ses inférieurs. Elle croyait au-dessous d'elle de cacher sa façon de penser sur le compte de ceux dont on parlait; elle l'exprimait hautement et sans ménagement. Cette franchise, si nouvelle à la cour, lui valut la confiance de l'Impératrice, mais elle lui fit des ennemis qui se vengèrent en faisant courir contre elle une calomnie dont elle ne mérita jamais d'être l'objet : on disait d'elle qu'elle était grosse de Napoléon. Jamais madame Lannes n'a aimé l'Empereur; je crois même qu'elle avait un éloignement très prononcé pour lui. On assure que le motif de cet éloignement tenait à son ambition; elle avait été profondément blessée que son mari n'eût point été nommé prince; elle regarda cela comme une injustice; peut-être avait-elle raison. La mort du maréchal augmenta son aigreur contre Napoléon, mais ce qui acheva de l'irriter contre lui, ce fut la demande qu'elle fit faire par l'Impératrice, à la mort de Jacqueminot, de la sénatorerie de Douay, pour son père, que l'Empereur refusa de la manière la plus désobligeante; le fait n'en est pas moins vrai, et elle l'a prouvé. Ce conte fut fait dans l'espoir de la brouiller avec l'Impératrice; mais la fausseté en était si évidente, qu'il ne fut cru que par ceux qui veulent tout croire. Madame la duchesse en fut avertie et ne passa pas un jour sans se montrer aux Tuileries. Il est faux qu'elle se soit absentée; jamais elle n'a fait son service plus exactement qu'à cette époque.

Cette aventure aurait dû l'engager à faire quelques frais pour se rapprocher des dames du palais qui la détestaient, qui se plaignaient hautement d'elle, et qui disaient qu'elle n'était jamais une demi-heure dans le salon de service sans leur adresser quelque parole désobligeante. Elle n'était pas plus aimée dans l'intérieur, chose bien remarquable à l'égard d'une personne qui avait tout ce qu'il fallait pour plaire et être aimée.

On dit que, quoiqu'elle fût très riche, Corvisart, qui était son ami, avait persuadé à Marie-Louise que madame Lannes n'avait à elle, de l'immense fortune de son mari, que 6,000 francs de rente, et qu'elle rendait de son côté le même service au docteur, en disant à l'Impératrice qu'il était gêné dans ses affaires : de là il résultait des cadeaux et des présents considérables.

Lorsqu'en 1813, Napoléon accorda à madame de Montesquiou une pension de 50,000 francs, pour la récompenser des soins qu'elle avait eus pour son fils, madame de Montebello en fut si fâchée, en conçut une telle jalousie, qu'elle ne laissa pas de repos à l'Impératrice jusqu'à ce qu'elle eût obtenu pour elle, de l'Empereur, la même faveur, quoiqu'elle n'eût rien fait pour la mériter et qu'elle eût dû rougir de la solliciter.

Au bout de quelques mois de mariage, Napoléon reprit ses anciennes habitudes, travailla davantage, et fut moins assidu auprès de sa jeune épouse. Marie-Louise éprouva le besoin d'avoir une amie; la duchesse de Montebello écouta avec complaisance les épanchements du cœur de sa souveraine, la plaignit, la consola, et s'insinua si bien dans sa confiance et dans ses bonnes grâces, que l'Impératrice ne pouvait se passer d'elle; elle l'aima bientôt comme une sœur, et cherchait à le lui prouver par les prévenances les plus aimables, soit pour elle, soit pour ses enfants. Elle était heureuse de trouver un cadeau qui pût être agréable à la duchesse, et de le lui offrir avec une grâce et un abandon qui avaient un charme infini; elle aimait tous ceux qu'aimait la duchesse, et se sentait de l'éloignement pour ceux qu'elle n'aimait pas. On s'aperçut de son ascendant et bientôt elle fut accusée par ceux qui crurent avoir droit de se plaindre.

Les sœurs de l'Empereur furent de ce nombre; Madame Mère en parla un jour à l'Impératrice avec assez de vivacité, en se plaignant de madame de Montebello. Celle-ci l'ayant su, et se trouvant obligée d'aller faire une visite à Madame, dit, en présence de trois femmes de chambre et d'une première dame, qu'elle méprisait les propos de Madame, et qu'elle aurait voulu pouvoir écrire sur sa carte que sa visite était pour la mère de l'Empereur, et non pour *Madame Mère.*

Ces mots *Madame Mère* me rappellent une anecdote assez plaisante que je vais rapporter ici, quoiqu'elle y soit peut-être un peu déplacée, parce que je ne sais trop si je trouverais l'occasion de la consigner ailleurs, et qu'elle mérite d'être conservée. Un préfet de département, l'un des plus éloignés de la capitale, ayant été mandé à Paris, reçut, dès le lendemain de son arrivée, une invitation à dîner chez Cambacérès. Le palais de celui-ci était mitoyen avec celui de la mère de l'Empereur. Le préfet se trompa de porte, et, au lieu de rentrer chez l'archichancelier, il entra chez *Madame.* Le hasard voulut qu'elle reçût ce jour-là grande compagnie. Le fonctionnaire déclina son nom, et on l'introduisit dans un salon où beaucoup de personnes étaient déjà réunies; cherchant des yeux Cambacérès, et ne l'apercevant point, il prit place dans le cercle, sans adresser la parole à qui que ce soit.

— Excusez la liberté que je prends, Monsieur, lui dit un de ses voisins, mais il me semble que vous n'avez pas été saluer Madame.

— Madame qui? dit le nouveau débarqué qui savait que Cambacérès n'était pas marié.

— *Madame Mère*, reprit son voisin.

— Mais mère de qui? demanda le provincial.

— Mère de Sa Majesté l'Empereur.

— Je ne suis donc pas chez Cambacérès?

— Vous êtes chez la mère de l'Empereur.

Le pauvre préfet, honteux et confus, s'enfuit plus vite qu'il n'était arrivé, et n'eut pas même la présence d'esprit d'offrir quelques excuses. Depuis ce temps, on ne le désigna plus que par le sobriquet de M. le préfet *Mère-dequi*.

VI.

ACCOUCHEMENT DE L'IMPÉRATRICE

Mot de l'Empereur. — Dubois. — Les hommes de lettres. — Madame la comtesse de Montesquiou.

L'instant où la duchesse de Montebello se montra sous le jour le plus favorable fut l'époque de la naissance du fils de Napoléon. On sait que les couches de l'Impératrice furent très laborieuses : madame de Montebello resta neuf jours entiers dans la chambre de l'Impératrice, presque sans la quitter. Elle passait les nuits sur un canapé ; enfin elle accomplit rigoureusement tout ce qu'on pouvait attendre d'elle, à titre de devoir ou d'affection.

En parlant de l'accouchement de l'Impératrice, c'est le cas de donner quelques détails relatifs à la naissance de cet enfant sur lequel on répandit alors les bruits les plus absurdes. Les uns prétendaient que l'Impératrice n'avait jamais été enceinte, et que son accouchement n'était qu'une comédie jouée pour fournir à Napoléon le moyen d'adopter un de ses enfants naturels; les autres dirent qu'elle était accouchée d'une fille, d'un enfant mort, et qu'on y avait substitué un autre enfant. Tous ces bruits, aussi ridicules qu'invraisemblables, n'avaient pas le plus léger fondement, et l'on peut regarder comme certain et authentique le court récit qui va suivre.

Il était sept heures du soir, quand l'Impératrice sentit les premières douleurs de l'enfantement. On manda M. Dubois, chirurgien accoucheur, qui, depuis ce moment, ne la quitta plus. Elle passa toute la nuit dans les souffrances, ayant auprès d'elle madame de Montebello, madame de Luçay, madame de Montesquiou, nommée gouvernante de l'enfant qui allait naître; deux premières dames, mesdames Durand et Ballant, deux femmes de chambre, et

4

la garde, madame Blaise. L'Empereur, sa mère, ses sœurs, MM. Corvisart et Bourdier, étaient dans un salon voisin ; ils entraient fréquemment dans la chambre, en observant le plus profond silence, pour avoir des nouvelles de l'Impératrice. Les douleurs, qui avaient été faibles pendant toute la nuit, se calmèrent tout à fait à cinq heures du matin. M. Dubois, ne voyant rien qui annonçât un accouchement très prochain, le dit à l'Empereur, qui renvoya tout le monde, et alla lui-même se mettre au bain. Il ne resta dans la chambre de l'Impératrice que M. Dubois et les dames que j'ai nommées. Les autres femmes attachées à son service intérieur se reposaient à côté dans son cabinet de toilette.

L'Impératrice, accablée de fatigue, dormit environ une heure; de vives douleurs l'éveillèrent, elles augmentèrent toujours, sans amener la crise exigée par la nature, et M. Dubois acquit la triste certitude que l'accouchement serait difficile et laborieux. Il alla trouver l'Empereur, qui était alors au bain, le pria de venir décider, par sa présence, l'Impératrice à souffrir avec courage, et ne lui cacha point qu'il craignait de ne pouvoir sauver en même temps la mère et l'enfant. « Ne pensez qu'à la mère! » s'écria vivement Napoléon, « et donnez-lui tous vos soins. »

Napoléon permit à peine qu'on l'essuyât; il courut chez l'Impératrice, après avoir donné l'ordre qu'on avertît tous ceux qui devaient s'y trouver. Il l'embrassa tendrement et l'exhorta au courage et à la patience. M. Bourdier, médecin, et M. Yvan, chirurgien, arrivèrent en ce moment et tinrent Marie-Louise. L'enfant naquit par les pieds; M. Dubois fut obligé de recourir aux ferrements pour lui dégager la tête. Le travail dura vingt-six minutes et fut très douloureux. L'Empereur n'y put assister que cinq minutes. Il lâcha la main de l'Impératrice, qu'il tenait entre les siennes, et se retira dans le cabinet de toilette, pâle comme un mort et paraissant hors de lui. Presque à chaque minute, il envoyait une des femmes qui s'y trouvait pour lui apporter des nouvelles. Enfin l'enfant naquit, et, dès que l'Empereur en fut instruit, il vola près de sa femme, et la serra de nouveau dans ses bras.

L'enfant resta pendant sept minutes sans

donner aucun signe de vie. Napoléon jeta les yeux sur lui un instant, le crut mort, ne prononça pas un mot et ne s'occupa que de l'Impératrice. On souffla quelques gouttes d'eau-de-vie dans la bouche de l'enfant; on le frappa du plat de la main sur tout le corps; on le couvrit de serviettes chaudes; enfin il poussa un cri, et l'Empereur vint embrasser ce fils dont la naissance était pour lui le comble du bonheur et le dernier bienfait de cette fortune qui ne devait pas tarder à l'abandonner.

Cette scène se passait en présence de vingt-deux personnes, qu'il est à propos de nommer ici, pour mieux constater l'authenticité des détails dans lesquels je viens d'entrer; c'étaient l'Empereur, Cambacérès, qui, comme archichancelier de l'empire, devait constater le sexe et la naissance de l'enfant; le prince de Neufchâtel qui, quoique sans titre pour s'y trouver, l'y suivit, poussé par son zèle et son attachement : MM. Dubois, Corvisart, Bourdier et Yvan; mesdames de Montebello, de Luçay et de Montesquiou; les six premières dames, mesdames Ballant, Deschamps, Durand, Hureau, Rabusson et Gérard; cinq femmes de chambres, mesdemoiselles Honoré, Édouard, Barbier, Aubert et Geoffroy; la garde, madame Blaise, et deux filles de garde-robe. Cette circonstance démontre l'absurdité de la fable d'une supposition d'enfant. Ce n'est pas en présence de témoins si nombreux qu'elle pouvait avoir lieu; et il faut encore faire attention que, d'un côté de la chambre à coucher, le cabinet de toilette était rempli de toutes les personnes subalternes attachées au service de Marie-Louise; et que, de l'autre, plusieurs salons étaient occupés par une foule d'hommes et de femmes de la cour, qui attendaient avec impatience la nouvelle de l'événement important qui se préparait.

Tous les habitants de Paris savaient que l'Impératrice était dans les douleurs qui précèdent l'enfantement, et, dès six heures du matin, le jardin des Tuileries était rempli d'une foule immense d'individus de tout âge et de toute condition. On était averti que vingt et un coups de canon devaient annoncer la naissance d'une princesse, et qu'il en serait tiré cent et un pour célébrer celle d'un héritier du trône. Dès que le premier coup se fit entendre, cette multitude, l'instant auparavant si bruyante et si tumultueuse, observa le plus profond silence. Il n'était rompu que par ceux qui comptaient le nombre de coups en prononçant à demi-voix : « *Un, deux, trois,* etc. » Mais, au vingt-deuxième, l'enthousiasme éclata de toutes parts, et les cris de joie, les chapeaux en l'air et les *vivat,* partis du jardin des Tuileries, contribuèrent presque autant que le bruit du canon à porter cette nouvelle dans les autres quartiers de Paris. Napoléon, placé derrière un rideau, à une des croisées de l'Impératrice, jouissait du spectacle de l'ivresse générale et en paraissait profondément attendri; de grosses larmes roulaient sur ses joues sans qu'il les sentît couler ; c'est dans cet état qu'il vint embrasser de nouveau son fils.

Sans entrer ici dans le détail complet des poèmes, épîtres, odes, strophes, couplets, etc., etc., écrits dans toutes les langues vivantes de l'Europe (l'anglais excepté), qui furent composés à l'occasion de la naissance du roi de Rome, je me contenterai de dire que le nombre des pièces de ce genre qui furent adressées tant à l'Empereur qu'à l'Impératrice, à cette occasion, s'éleva, en moins de huit jours, à plus de deux mille. L'Empereur les accueillit toutes, sans les lire il est vrai, et avec elles les demandes de grâces de toute sorte que les auteurs avaient eu la prévoyance de joindre à la lettre d'envoi. Au fait, Napoléon, naturellement généreux, pouvait-il refuser les marques de sa bienveillance à ceux qui lui faisaient apprécier celle que la Providence venait de lui accorder? non, certes, et tout autre, dans une occasion semblable, en aurait fait autant. Je tiens de bonne source qu'une somme de cent mille francs, prélevée sur ses fonds particuliers, fut répartie par M. Dequevauvilliers, secrétaire de la comptabilité de la Chambre, entre les auteurs des poésies envoyées aux Tuileries.

Une chose assez curieuse et que je puis garantir, c'est que, lorsque Napoléon, de retour de l'île d'Elbe, quitta Paris pour aller prendre le commandement de l'armée rassemblée sur les frontières de la Flandre, un de ces poètes du moment composa, de société avec deux autres, une pièce destinée pour le théâtre des Variétés, qui, au moyen de quelques légers changements, pouvait servir également à célébrer le triomphe de Napoléon ou le retour de Louis XVIII.

Aussitôt après sa naissance, le jeune enfant fut confié à une nourrice d'une constitution saine et robuste, prise dans la classe du peuple ; elle ne pouvait sortir du palais, ni recevoir aucun homme ; les précautions les plus sévères avaient été prises à cet égard. On lui faisait faire pour sa santé des promenades en voiture, et jamais sans qu'elle ne fût accompagnée de plusieurs femmes.

J'ai déjà dit que la comtesse de Montesquiou, dont le mari était grand chambellan, avait été nommée gouvernante du jeune Napoléon. Il aurait été difficile de faire un meilleur choix. Cette dame, d'une famille illustre, avait reçu une excellente éducation ; elle joignait le ton du grand monde à une piété solide et trop éclairée pour donner dans la bigoterie. Sa conduite avait toujours été si régulière, que la calomnie n'avait jamais osé diriger une attaque contre elle. On lui reprochait un peu de hauteur, mais cette hauteur était tempérée par la politesse et par l'obligeance la plus gracieuse. Elle prit du jeune prince les soins les plus tendres et les plus assidus, et rien n'est plus noble et plus généreux que le dévouement qui la porta ensuite à s'arracher à sa patrie, à ses amis, à sa famille, pour suivre le sort d'un enfant dont toutes les espérances venaient d'être anéanties. Elle n'en recueillit pourtant que des chagrins amers et d'injustes persécutions.

VII

Les trois fauteuils. — La médecine de l'Impératrice. — Les trois partis. — Voyage à Fontainebleau. — Bulle d'excommunication envoyée par le pape. — L'abbé d'Astros. — Le duc de Rovigo. — Le directeur général de la librairie. — Le comte Bigot de Préameneu, ministre des cultes. — Visite au pape.

Pendant les six semaines qui suivirent son accouchement, l'Impératrice ne reçut que la dame d'honneur, la dame d'atour et les princesses de la famille impériale. Lorsque Madame Mère ou quelqu'une des sœurs de Napoléon venaient la voir, on leur donnait des fauteuils près du lit de l'accouchée. Le jour que Marie-Louise dut recevoir, pour la première fois, toutes les personnes présentées à la cour, l'Empereur remarqua que, près du lit de repos destiné à l'Impératrice, on avait placé trois fauteuils pour Madame Mère et pour les reines d'Espagne et de Hollande. Il blâma cette disposition, dit que sa mère, n'étant pas reine, ne devait pas avoir de fauteuil et qu'il n'en fallait donner à personne. Il les fit donc emporter et y fit substituer d'élégants tabourets. Madame arriva bientôt avec les deux reines, et voyant qu'elles n'avaient pas de fauteuils, elles se retirèrent sur-le-champ d'un air piqué, et ne voulurent pas assister à la réception des dames qu'on attendait. Cet événement augmenta le froid qui régnait déjà dans l'intérieur de la famille; il en résulta une foule de petites tracasseries dont l'Impératrice eut à supporter le désagrément, quoiqu'elle fût bien innocente de ce qui les avait occasionnées.

Un jour que Marie-Louise devait prendre médecine, elle exigea qu'on la lui donnât avant l'arrivée de son médecin. Après l'avoir prise, elle éprouva des coliques assez violentes, qui firent concevoir quelques inquiétudes. Toute la Faculté fut en l'air; l'Empereur, averti, arriva précipitamment chez elle. Le mal avait déjà disparu; mais il n'en fit pas moins un long sermon à la duchesse de Montebello, sur l'imprudence qu'elle avait commise en laissant prendre à l'Impératrice un médicament qu'elle ne connaissait pas, et répéta plusieurs fois que « l'étiquette exigeait que ce fût son médecin qui lui présentât la médecine ». La duchesse ne répondit rien ; mais, lorsque l'Empereur se fut retiré : « Je suis bien aise, dit-elle, que M. l'*Étiquette* ait fini ; je n'ai jamais aimé les longs sermons. »

Ce fut à cette époque que Napoléon visita les côtes de la France ; l'Impératrice était à peine remise des suites de son accouchement. Il désirait qu'elle restât à Paris ; mais elle fit tant d'instances pour qu'il lui permît de l'accompagner, qu'il ne put s'y refuser. Elle maigrit considérablement pendant ce voyage, sans doute par suite des fatigues qu'elle éprouva, et jamais elle ne recouvra son premier embonpoint.

La cour de France était alors divisée en trois partis, l'ancienne noblesse, la nouvelle et les militaires. Madame de Montesquiou et son mari étaient à la tête du premier. Toute l'influence dont ils jouissaient était employée à obtenir des grâces, des faveurs, des pensions, des places pour les nobles émigrés ou non émigrés; ils représentaient à l'Empereur que c'était le plus sûr moyen de les attacher à sa personne et de leur faire aimer son gouvernement. Ils parlaient ainsi, parce que telle était véritablement leur façon de penser et que, croyant la destinée de la France à jamais fixée, ils désiraient rattacher au souverain de cet empire ceux qu'ils regardaient comme devant en être les plus fermes soutiens. Napoléon connaissait leur zèle et leur dévouement; témoin des soins infatigables que madame de Montesquiou ne cessait de prendre pour son fils, il était rare qu'il lui refusât ce qu'elle demandait.

D'après ce que j'ai déjà dit de la duchesse de Montebello, on juge bien qu'elle était l'âme du second parti. Il était peu nombreux à la cour, composé en grande partie d'intrigants en sous-ordre, mais soutenu par la considération que Marie-Louise accordait à sa favorite.

Le troisième était rangé sous les bannières du maréchal Duroc et se composait, en général, de tout ce qui tenait au militaire. Il ne voyait de gloire et d'honneur que dans la profession des armes, et avait un souverain mépris pour toutes les autres. Tandis que les deux premiers partis se faisaient une guerre ouverte, cherchaient à se nuire, à se détruire par tous les moyens possibles, celui-ci jouait le rôle d'observateur, démasquait leurs intrigues, en profitant de leurs fautes et de leurs bévues. L'Empereur le favorisait secrètement; mais il n'en suivait pas moins son système de neutraliser toutes les opinions, en cherchant à balancer leurs forces. Chacun d'eux lui servait d'espion sur les deux autres, et il se trouvait instruit, par ce moyen, de tout ce qu'il pouvait avoir intérêt de connaître.

La duchesse de Montebello et la comtesse de Montesquiou étant ainsi à la tête de deux partis non seulement différents, mais opposés, il est facile de croire qu'il ne devait pas régner entre elles une liaison bien intime. La comtesse, toujours prudente et réservée, n'affichait pas l'éloignement qu'elle avait pour la duchesse, et ne cherchait pas à lui rendre de mauvais services. Elle se contentait de ne point parler d'elle et d'apporter une grande froideur dans les relations nécessaires qu'elles avaient ensemble; mais il n'en était pas de même de madame de Montebello. Elle n'allait voir le jeune prince que le moins possible pour ne pas être obligée de voir en même temps sa gouvernante. Elle cherchait à persuader à l'Impératrice que les soins que madame de Montesquiou prenait de son fils, l'attachement qu'elle lui montrait, n'avaient d'autre motif que l'ambition et l'intérêt; accusation dont les événements postérieurs démontrèrent bien la fausseté. Informée de ses efforts continuels pour lui nuire, madame de Montesquiou s'en plaignit une ou deux fois à l'Impératrice même, en essayant de lui dessiller les yeux sur sa favorite; mais le bandeau qui les couvrait était trop épais; la première impression avait été produite, et l'on connaît tout le pouvoir d'une première impression, surtout quand elle est reçue dans la jeunesse, et produite par une personne à qui l'on a donné toute sa confiance. Marie-Louise ne rendit donc pas alors à madame de Montesquiou la justice qui lui était due, comme elle eut occasion de s'en convaincre par la suite.

C'est à cette époque que l'Empereur fut passer

dix jours à Fontainebleau; il était mécontent de voir se prolonger ses différents avec le pape. L'origine de cette querelle, qui durait depuis si longtemps entre lui et le Saint-Père, datait de 1805. Lorsque Pie VII quitta la France après le couronnement, il partit avec le secret dépit de n'avoir pas obtenu de l'Empereur les récompenses qu'il croyait avoir méritées. A peine eut-il mis le pied sur le sol italien, que des intrigants et des brouillons profitèrent de cette espèce de mécontentement pour diriger son esprit et ses intentions. Rome devint le foyer de toutes les intrigues politiques et de tous les complots tramés contre la tranquillité de la France.

Sa Sainteté avait ensuite refusé de reconnaître la validité de son divorce avec Joséphine, et par conséquent de son mariage avec Marie-Louise. Il en était résulté entre eux une rupture ouverte; dans cette circonstance, Pie VII, n'écoutant que le zèle peut-être indiscret de quelques-uns de ses conseillers, avait lancé contre Napoléon les foudres du Vatican. La sentence d'excommunication avait été envoyée de Rome à Paris à l'abbé d'Astros, alors grand vicaire capitulaire de l'archevêché, attendu la vacance du siège. Celui-ci la fit imprimer et l'afficha secrètement à la porte de l'église Notre-Dame, en présence de quelques chanoines, sur la discrétion desquels il pouvait compter. Bientôt des copies de ce bref se répandirent dans Paris et de là dans toutes les provinces. On assurait que le directeur général de la librairie et de l'imprimerie en avait été informé, et n'avait pris aucune mesure pour réprimer cet abus ; il n'en avait pas même prévenu l'Empereur.

Le duc de Rovigo, ministre de la police, fut un des premiers instruits de tout ce qui s'était passé, et, comme depuis longtemps il était en rivalité avec ce fonctionnaire, il profita de cette occasion pour faire à Napoléon un rapport très circonstancié, dans lequel le directeur de la librairie n'était point flatté.

Aussitôt que l'Empereur en eut pris connaissance, il entra dans un accès de colère difficile à décrire : ce jour-là, il était attendu au conseil d'État, il y entra violemment agité. Chacun avait remarqué l'altération qui régnait sur son visage, et ne disait mot ; personne ne bougeait. Napoléon seul allait et venait dans la salle du conseil, en ne laissant échapper que des phrases entrecoupées et sans suite ; on n'entendait distinctement que le mot de *bigot*, épithète qu'il appliquait probablement à l'abbé d'Astros.

Bigot de Préameneu, conseiller d'État, était présent à cette séance. Ce mot de *bigot* avait plusieurs fois frappé son oreille et il croyait que l'Empereur l'appelait :

— Sire, dit-il en se levant.

— Que voulez-vous ? dit Napoléon.

— Sire, j'ai cru que Votre Majesté me parlait.

— Point du tout... mais oui... un moment... Bigot, je vous nomme ministre des cultes.

Et c'est ainsi que ce nouveau ministère fut institué.

Le directeur général de la librairie, qui était en même temps conseiller d'État, arrivait à l'instant ; il se disposait à prendre sa place ordinaire.

— Restez, lui dit l'Empereur, et répondez-moi. Savez-vous ce qui s'est passé à Notre-Dame, dimanche dernier ? ne balbutiez pas ; point de détours jésuitiques.

— Sire, je savais que...

— Ah! vous le saviez! et vous ne m'en instruisiez pas! on m'avilit publiquement, et vous gardez le silence! On ose publier au milieu de ma capitale une bulle d'excommunication contre moi, et vous laissez passer cela comme ça!

— Sire, j'ai cru qu'en sévissant publiquement contre un homme qui avait cru remplir son devoir, je ne ferais qu'attirer sur lui l'intérêt qui s'attache toujours à un martyr; j'ai pensé que l'oubli était un devoir que...

— Votre devoir! votre devoir!... Le premier de tous, Monsieur, était de me consulter... Je suis fâché de tout ceci pour la mémoire de M. votre père... Je ne vous soupçonne pas de mauvaises intentions; mais... Allons, allez vous asseoir.

Et cette affaire en resta là pour le moment.

Mais, quelques jours après, l'abbé d'Astros, pour se conformer à l'usage, fut obligé de se présenter devant l'Empereur, à la tête du chapitre de Notre-Dame, pour lui offrir les compliments du nouvel an. Dès que Napoléon l'aperçut, le souvenir de ce qui s'était passé au conseil d'État vint ranimer toute sa colère; et, s'avançant vers lui, avec un geste menaçant:

— Ah ! ah ! lui dit-il, c'est donc vous qui voulez allumer dans mes États le feu de la sédition, qui trahissez votre souverain pour exécuter les ordres d'un prêtre étranger ? Je ne veux ni révolte, ni fanatisme, ni martyr... Je suis chrétien... et plus chrétien que vous tous... Je saurai soutenir les droits de ma couronne contre ceux qui vous ressemblent. Dieu m'a armé du glaive... Que vous et vos pareils ne l'oublient pas.

L'abbé d'Astros voulut répliquer ; un geste impératif de l'Empereur l'obligea de se retirer : cette affaire n'eut jamais d'autres suites. Cependant, bien des gens soutinrent et même écrivirent que l'abbé d'Astros, victime de son zèle apostolique, avait été disgracié, jeté en prison, persécuté ; c'est encore une de ces faussetés qu'on s'est plu à répandre dans le temps.

Il est un fait qui deviendra tous les jours démontré davantage, c'est que Napoléon aimait sa religion, qu'il voulait la faire prospérer, l'honorer, mais en même temps s'en servir comme d'un moyen social pour réprimer l'anarchie, consolider la domination en Europe, accroître la domination de la France et l'influence des habitants de Paris, objets de toutes ses pensées.

Dans ses entrefaites, le pape avait été pour ainsi dire enlevé de ses États, conduit à Savone et de là à Fontainebleau, où il occupait l'appartement qui lui avait été donné précédemment. On lui monta une maison. Il était servi avec magnificence, mais il n'en profitait pas. Retiré dans son appartement, il y vivait de la manière la plus simple et la plus frugale. Sa suite seule s'asseyait à la table recherchée qu'on servait.

Quoi qu'il en soit, Napoléon cacha longtemps le projet qu'il avait de renouer avec Pie VII; et, pour l'exécuter plus facilement, il ordonna une chasse à Gros-Bois, où il déjeuna. Et, sans que personne s'y attendît, il fit prendre la route de Fontainebleau. C'était une chose très plaisante que le désordre que ce voyage imprévu occasionna. Personne n'avait de domestique, point de femme de chambre, point de bonnet de nuit, rien enfin pour la toilette ; avec cela il faisait un froid excessif; l'eau gelait auprès du feu. Tout le monde passa une fort mauvaise nuit: le

5.

matin, les piqueurs arrivèrent avec les bagages et les domestiques.

Nous passâmes neuf jours à Fontainebleau. L'Empereur fit une visite au pape qui, à son tour, vint voir l'Empereur. Il y eut beaucoup de conférences et on parut se rapprocher. Au moment de notre départ, le pape était souffrant et gardait le lit; car, étant allée pour obtenir qu'il voulût bien bénir des bagues et des chapelets, on les lui porta, et il eut la bonté de les bénir, étant au lit.

VIII

Galanteries de Napoléon. — Madame Valeska. — Le château de Compiègne. — La Grazini et Rode. — Fouché, ministre de la police générale.

J'ai déjà dit que l'Empereur avait organisé sa police particulière. Il ne la faisait pas servir aux vues de sa politique; c'était encore pour lui une espèce d'amusement. Il aimait à être au courant de toutes les petites anecdotes scandaleuses qui concernaient les personnes de sa cour, et il se plaisait surtout à persifler les maris sur les aventures de leurs femmes.

C'est ici le cas de dire un mot des galanteries de Napoléon. On a débité et imprimé bien des mensonges à cet égard, et on lui a prêté des intrigues avec des femmes auxquelles il n'a jamais pensé. Un fait bien connu, c'est qu'il n'a jamais eu de maîtresse en titre; il n'en faut pas conclure qu'il n'ait jamais eu d'inclinations passagères, de fantaisies, et l'on pense bien que, dans le rang qu'il occupait, il ne lui était pas très difficile de les satisfaire. Mais autant il aimait à divulguer les bonnes fortunes des autres, autant il était discret sur les siennes, et il était surtout bien éloigné de cette sotte jactance qui consiste à se vanter de faveurs qu'on n'a pas obtenues.

Il avait beaucoup aimé dans sa jeunesse une Polonaise, madame Valeska (la connaissance qu'il fit de cette Polonaise date de la campagne de 1806 à 1807). Elle est une des deux femmes qui, après avoir eu des liaisons intimes avec lui, n'ait perdu ni son estime ni son amitié; elle lui donna toujours les plus touchantes preuves d'affection. Lors de son abdication, elle se rendit à Fontainebleau pour lui faire ses adieux, et, lorsqu'elle sut que Marie-Louise ne l'avait pas suivi à l'île d'Elbe, elle s'y rendit avec un fils qu'elle avait eu de lui, ayant le projet d'y demeurer, seulement comme une amie dont la société pourrait lui être agréable; mais Napoléon n'y consentit point. Il ne voulut pas donner à son épouse la mortification de savoir près de lui une femme qu'il avait aimée, quoique ce fût antérieurement à son mariage, et elle n'y resta que trois jours.

On a beaucoup parlé, dans le temps, de deux aventures de l'Empereur avec deux actrices célèbres; je me dispense de les rapporter ici[1]. Nul doute que, pendant le cours de son mariage avec Joséphine, il ne lui ait fait beaucoup d'infidélités. Il était jeune, aimait les femmes; les occasions ne lui manquaient point. Plusieurs dames ont été désignées comme ayant brigué ses faveurs. Presque toutes espéraient le fixer, l'attacher; était-ce l'amour, l'intérêt ou l'ambition qui les guidait? c'est ce que j'ignore; mais peu d'elles ont réussi dans leurs projets.

Le fait est que le château de Compiègne était disposé de manière qu'un appartement secret se trouvait au milieu du corridor destiné au

---

[1]. Je les ai racontées dans la première édition; mais, ayant subi une critique à cet égard de la part de plusieurs journaux, je les ai supprimées.

logement des dames; qu'il ne paraissait point en faire partie, et qu'une seule petite porte, semblable à une porte de dégagement, s'ouvrait sur ce corridor sans pouvoir y être remarquée. Ce logement, composé de plusieurs pièces charmantes, donnait sur le parc; il avait une vue délicieuse et fort étendue; il était meublé avec goût, et le luxe et l'élégance s'étaient disputé le soin de l'embellir. Enfin, quoique très éloigné de l'appartement de l'Empereur, il communiquait par un escalier dérobé. J'ai vu cet appartement depuis le second mariage de Napoléon. Il était devenu inutile, et on ne le cachait plus avec autant de soin. Il a dû servir, sans aucun doute, mais bien moins qu'on ne le croit : on a exagéré les aventures de l'Empereur : les uns pour lui donner un ridicule, d'autres pour le déconsidérer, en le montrant comme un homme immoral; d'autres enfin, assez corrompus pour penser qu'il y avait pour lui une espèce de gloire à subjuguer des femmes, dont la plupart faisaient la moitié du chemin, et quelques-unes plus que les trois quarts.

L'anecdote suivante, que je tiens de bonne

source, bien que le fait qui y a donné lieu se soit passé du temps de Joséphine, viendrait à l'appui de ce que j'avançais tout à l'heure. N'étant connue que d'un petit nombre de personnes, j'ai pensé qu'elle devait naturellement trouver sa place dans ce chapitre.

Frappé, à son dernier passage à Milan, de la beauté théâtrale de la cantatrice Grazini, et plus encore des sublimes accents de sa voix, Napoléon lui fit de riches présents et voulut se l'attacher. Il chargea Berthier de conclure avec elle un traité assis sur de larges bases, et de la lui amener à Paris; elle fit le voyage dans la voiture même de Berthier. Assez richement dotée, à vingt mille francs par mois, on la vit briller aux théâtres et aux concerts des Tuileries, où sa vue fit merveille. Mais alors, comme je l'ai dit, le chef de l'État évitait tout scandale, et ne voulait donner à Joséphine, jalouse à l'excès, aucun sujet d'ombrage; il ne faisait à la belle cantatrice que des visites brusques et furtives.

Des amours sans soins et par conséquent sans charmes ne pouvaient satisfaire une femme altière et passionnée, qui avait non seulement dans la voix, mais encore dans l'imagination, quelque chose de viril. La Grazini (car c'est ainsi qu'on la désignait vulgairement au château) eut recours à l'antidote infaillible; elle s'enflamma vivement pour le célèbre violon Rode. Épris lui-même, il ne sut pas garder de mesure, en bravant la surveillance même de Berthier.

Un jour, l'Empereur fit appeler Fouché, alors ministre de la police générale, et lui dit qu'il s'étonnait qu'avec son habileté reconnue, il ne fît pas mieux *son métier*, et qu'il se passait des choses qu'il ignorait.

— Oui, répondit le ministre piqué, il y a des choses que j'ignorais, mais que je sais maintenant; par exemple : un homme de petite taille, couvert d'une redingote bleue, avec un chapeau à trois cornes, sort tous les deux jours du château, entre huit et neuf heures du soir, par la petite porte du pavillon Marsan, au-dessus des cuisines, et, accompagné d'un seul homme plus grand que lui, mais habillé de la même manière[1], monte

---

1. Duroc, grand maréchal.

dans un fiacre, et va en droite ligne rue Chanteraine, n° 28, chez la Grazini ; le petit homme c'est vous, à qui la bizarre cantatrice fait des infidélités en faveur de Rode, le violon, qui demeure rue du Mont-Blanc, *Hôtel de l'Empire.*

A ces mots, Napoléon, tournant le dos à son ministre, se mit à se promener les mains derrière le dos, en sifflant un air italien, et Fouché se retira sans rien ajouter.

Il faut convenir, au surplus, que les infidélités passagères de Napoléon furent toujours assez rares, et le devinrent encore davantage après son mariage avec Marie-Louise. Il prenait le plus grand soin pour que le très petit nombre de celles qu'il se permettait encore ne vînt jamais à sa connaissance ; car il eut constamment pour elle les plus grands égards. Il se plaignait pourtant quelquefois qu'elle se rendait peu aimable pour les dames de la cour, et qu'elle ne faisait pas assez d'efforts pour plaire. Habitué à la grâce, à l'amabilité constante de Joséphine, il est certain qu'il devait remarquer une différence entre sa première épouse et sa seconde ; mais il oubliait que celle-ci, née sur le trône, habituée dès son enfance aux hommages et aux respects, naturellement timide et réservée, ne connaissait pas l'esprit du peuple sur lequel elle avait été appelée à régner, n'avait personne auprès d'elle en état de la diriger, et de lui faire sentir combien il était essentiel de se faire aimer, tant pour elle que pour son fils; mais, si l'Impératrice eut le tort d'être froide en public, ce n'était pas elle qu'il fallait en accuser : on lui disait sans cesse que l'on doit être naturel, et se montrer tel que l'on est : principe très bon dans un intérieur bourgeois, mais qui ne peut exister chez les souverains, et même chez les grands, qui ont nécessairement besoin de faire beaucoup d'amabilités et de grâces pour se faire aimer des classes inférieures.

IX

Parallèle entre Marie-Louise et Joséphine. — Bienfaisance des deux impératrices. — Enfance du jeune Napoléon. — Placet adressé au roi de Rome. — Détails sur l'éducation du jeune prince.

Il ne faut, pour gagner le cœur des Français, que savoir sourire et saluer à propos. Ils aiment à considérer leur souverain comme le chef, comme le père de la grande famille, et un peu d'affabilité les paie amplement du respect et de l'amour qu'ils ont pour lui: Marie-Louise avait toutes les qualités, toutes les vertus qui pouvaient la faire chérir de ceux qui la connaissaient intimement; mais il lui manquait cet air de familiarité qui peut se concilier avec la dignité, et qui suffit en France pour séduire la multitude. Un soir qu'elle avait été

au Théâtre-Français, une dame, madame D...
se hasarda de lui dire que le public avait
éprouvé un véritable chagrin en se trouvant
privé du plaisir de la voir, parce qu'elle était
restée au fond de sa loge.

— Qu'importe! s'écria madame de Montebello, eh! pourquoi Sa Majesté se gênerait-elle?

La dame répondit que beaucoup de personnes n'avaient été au spectacle que dans l'espérance d'y voir l'Impératrice, qu'elles avaient été fort contrariées de se trouver trompées dans leur attente, et que Sa Majesté ne devait voir dans cet empressement qu'un sentiment d'affection toujours flatteur pour une souveraine.

— Lorsqu'on a de la franchise, disait madame de Montebello, on doit se montrer tel qu'on est, et ne rien faire par respect humain.

Avec de tels conseils, il n'est pas étonnant que cette jeune princesse portât en public cet air ennuyé que lui donnaient souvent les devoirs d'étiquette qu'elle avait à remplir. Rendue à son intérieur, elle était douce, enjouée, affable, adorée de tous ceux qui avaient des relations habituelles avec elle.

La première impératrice avait l'avantage de

connaître l'esprit français, et elle tira de cette connaissance tout le parti possible. Personne n'eut jamais autant d'ascendant sur l'esprit de Napoléon; elle en conserva encore une partie, même après son divorce; aussi Marie-Louise avait-elle conçu contre elle une sorte de jalousie, et n'aimait pas qu'on parlât d'elle en sa présence. Joséphine était citée partout pour sa bienfaisance; personne ne parlait de celle de Marie-Louise. Celle-ci était pourtant très charitable, mais elle se laissait tromper dans la distribution de ses bienfaits. Sous Joséphine, sa dame d'honneur, madame de La Rochefoucault, veillait elle-même à la répartition des secours que sa souveraine accordait. Elle avait chargé deux hommes intègres et respectables d'aller à la recherche des pauvres honteux et de prendre des informations certaines sur les besoins de ceux qui sollicitaient des secours. Peu d'argent répandu de cette manière rendait à la vie et au bonheur un grand nombre de familles, dont les bénédictions portaient dans toute la France le nom de Joséphine. Marie-Louise prenait dix mille francs tous les mois pour les pauvres, sur les fonds affectés pour sa toilette. Cette somme était double que celle que Joséphine consacrait au même usage : mais malheureusement la duchesse de Montebello regardait comme au-dessous d'elle de s'occuper personnellement de la distribution de cette somme. Elle s'en rapportait entièrement à son secrétaire, jadis valet de chambre du comte d'Artois, et qui avait été aussi secrétaire de madame de la Rochefoucault. Mais il était nul sous la dame d'honneur de Joséphine, et il devint tout-puissant sous celle de Marie-Louise.

Il faisait une liste où étaient admises beaucoup de personnes malheureuses; cette liste était soumise à une espèce d'investigation, c'est-à-dire que M. Ballouhey, secrétaire des dépenses de l'Impératrice, faisait prendre par un homme *sûr* des renseignements sur les individus qui demandaient des secours, et remettait la liste avec les notes à madame de Montebello qui la remettait à son secrétaire. Celui-ci rayait les uns, ajoutait les noms de ses favoris, remettait la liste à madame la duchesse, qui la faisait signer à Sa Majesté. Elle arrivait ainsi à M. Ballouhey qui se trouvait dans l'obligation de payer, en gémissant d'un abus auquel il ne pouvait remédier. Des femmes perdues figuraient sur ces listes; elles n'étaient que des prête-nom, et, par ce moyen, une partie des aumônes de l'Impératrice s'arrêtait dans les mains de M. Delugny. Mille plaintes, mille cris s'élevaient contre lui et contre madame de Montebello, mais sans arriver à l'Impératrice. La duchesse elle-même eut plusieurs occasions de reconnaître ces prévarications; mais son indifférence pour tout ce qui ne la touchait pas personnellement lui fermait les yeux sur l'infidélité d'un homme couvert du mépris public, et qu'elle aurait dû cent fois chasser avec ignominie. Un jour que Marie-Louise avait été visiter le Jardin des Plantes, elle donna ordre à madame de Montebello de faire remettre cinq cents francs au jardinier; son secrétaire fut chargé de porter cette somme. Quelques jours après, la duchesse se promenait dans le même jardin avec d'autres dames, ce jardinier s'approcha d'elle et la remercia des deux cents francs qu'elle lui avait envoyés de la part de Sa Majesté. Le secrétaire avait jugé à propos de s'approprier le surplus.

Ce vol fut oublié, comme bien d'autres ; c'est ainsi que les pauvres étaient privés des secours que l'Impératrice avait dessein de leur accorder et celle-ci des bénédictions qui devaient en être la récompense.

La bienfaisance de Marie-Louise ne se bornait pas au secours fixe de dix mille francs qu'elle destinait chaque mois aux pauvres : jamais on ne lui parla d'un malheureux qu'il n'éprouvât les effets de sa générosité : ce premier mouvement partait toujours de son propre cœur ; c'étaient la bonté, la sensibilité qui le dirigeaient. Il n'en était pas de même du second, il était froid, inquiet, méfiant, on y reconnaissait une impulsion étrangère. Entre autres exemples que je puis donner, je vais raconter celui dont j'ai été témoin. Un soir que l'Impératrice venait de quitter la table et de passer au salon, un valet de pied, nommé *l'Espérance*, fort honnête homme, vint tout ému annoncer à une première dame qu'une famille logée au septième étage d'une maison, rue de l'Échelle, composée d'un père, d'une mère et de six enfants, se trouvait entièrement privée de nourriture depuis deux jours ; que, lorsqu'on lui en avait parlé, il avait été s'en assurer, et qu'il était fort triste de s'être trouvé alors sans argent. Cette dame lui donna vingt francs, qu'il fut porter à ces infortunés. Lorsque l'Impératrice rentra, la dame lui peignit la situation de ces malheureuses gens, et lui demanda des secours pour eux. L'Impératrice voulut qu'on leur portât sur-le-champ quatre cents francs; on lui représenta qu'il était près de minuit, et qu'ils avaient reçu un secours qui leur permettait d'attendre jusqu'au lendemain.

— Non, dit l'Impératrice, il faut y aller; je suis heureuse de penser que je leur ferai passer une bonne nuit.

On y fut, et, depuis, cette famille fut l'objet de ses bienfaits.

Je citerai encore le trait suivant qui ne lui fait pas moins d'honneur qu'à l'Empereur lui-même.

Madame la comtesse de T..., dame du palais, demande un jour une audience à Napoléon; elle l'obtient sans délai; elle lui expose que son mari est embarrassé, qu'il a des procès ruineux qui nécessitent des avances énormes, que, dans cette position, elle a compté sur ses bontés, que ce n'est pas au souverain, mais à l'homme qu'elle s'adresse; elle lui dit enfin toute sorte de choses touchantes et tendres, sans sortir des bornes de cette pudeur délicieuse qui sied si bien aux femmes, et dont celle-ci était connue pour faire profession. Napoléon la remercie d'avoir mis en lui sa confiance, l'assure qu'il lui est tout dévoué et, à l'instant même, il lui signe un bon de 100,000 francs payables à vue, sur la caisse de sa liste civile.

Madame la comtesse de T..., autorisée par son mari, fournit une obligation en bonne forme de pareille somme; une année s'écoule sans qu'il soit possible de penser au remboursement. Au bout de ce temps, elle accouche d'une fille; l'Impératrice est marraine et choisit pour compère le prince Aldobrandini, son premier écuyer. On a deviné déjà quel fut le cadeau du baptême; au fond d'une corbeille magnifique, l'obligation de 100,000 francs fut mise acquittée. Mais ce n'est pas tout : on y trouva encore des diamants pour 12,000 francs, un cachemire superfin et des dentelles de la plus rare beauté. C'était une véritable féerie.

J'ajouterai bien vite que cette famille avait rendu des services à l'État, et que ces marques de faveur, données avec tant de grâce, ne pouvaient être mieux justifiées, ni inspirer une reconnaissance plus vive et plus durable. Pour qu'un bienfait soit digne d'éloge, il faut qu'il tombe sur des gens d'honneur.

La froideur de l'Impératrice, hors de sa société intime, était tellement connue, qu'on lui reprochait même de l'étendre jusqu'à son fils. Ce n'était pourtant pas défaut d'affection, c'était plutôt excès de sentiment. N'ayant jamais vu d'enfants, elle n'osait ni le prendre ni le caresser, tant elle craignait de lui faire mal. Aussi le jeune Napoléon conçut-il plus d'affection pour sa gouvernante que pour sa mère, ce dont Marie-Louise ne laissait pas d'être un peu jalouse. L'Empereur, au contraire, le prenait dans ses bras toutes les fois qu'il le voyait, le caressait, le contrariait, le portait devant une glace, et lui faisait des grimaces de toute espèce. Lorsqu'il déjeunait, il le mettait sur ses genoux, trempait un doigt dans la sauce, le lui faisait sucer, et lui en barbouillait le visage. La gouvernante grondait, l'Empereur riait, et l'enfant, presque toujours de bonne humeur, paraissait recevoir avec plaisir les caresses bruyantes de son père. Il est à remarquer que ceux qui, dans ces occasions, avaient quelque grâce à solliciter de l'Empereur, étaient presque toujours sûrs d'être favorablement accueillis, et qu'ils serait fait droit à leurs réclamations. L'anecdote suivante en est la preuve.

Un homme d'esprit, M. V..., à la fois fort instruit et fort malheureux, songea qu'il remplirait une petite place lucrative tout aussi bien que les petites et les grandes nullités si bien payées sous l'empire, et qui n'avaient pour eux que leur bonheur et leur importunité. Il demanda donc un emploi; mais, n'ayant point de protecteur, il essaya vainement trois ou quatre pétitions qui, selon l'usage, ne parvinrent jamais jusqu'à l'Empereur.

Fatigué, impatient et toujours plus pauvre, il s'avisa d'un stratagème qui n'aurait pas été indigne d'un courtisan de la cour de Louis XIV. La nécessité donne souvent d'heureuses idées; il rédigea avec beaucoup de soin un petit placet qu'il adressa à *Sa Majesté, le roi de Rome.* Il ne demandait qu'un emploi de cent louis, ce qui était vériblement fort modeste de sa part.

Le cœur plein de l'espoir du succès, il va trouver M. D..., officier supérieur attaché à la personne de l'Empereur en qualité d'aide de camp, lui avoue sa détresse, lui montre son placet et lui dit :

— Général, vous feriez encore une action généreuse et vous auriez droit à ma reconnaissance éternelle, si vous me facilitiez les moyens de présenter cette demande à l'Empereur.

M. D..., qui avait peut-être encore plus d'obligeance que de bravoure, conduisit le pétitionnaire devant Napoléon, qui prit le placet, remarqua la suscription et en parut agréablement étonné.

— Sire, lui dit ce dernier, c'est une pétition pour Sa Majesté le roi de Rome.

— Eh bien ! répliqua l'Empereur, qu'on porte la pétition à son adresse.

Le roi de Rome avait alors six mois. Un chambellan reçoit l'ordre de conduire le pétitionnaire devant la petite majesté. M. V... ne se démonte pas, voyant la fortune lui sourire ; il se présente devant le berceau du prince, et, après la plus respectueuse révérence, déplie le papier et en lit le contenu à haute et intelligible voix. Après cette lecture, l'enfant roi ayant balbutié quelques sons inarticulés, M. V... et le chambellan saluent de nouveau le petit monarque et retournent auprès de l'Empereur, qui leur demande le plus sérieusement du monde qu'elle était la réponse qu'ils avaient obtenue.

— Sire, dit le chambellan, Sa Majesté le roi de Rome n'a rien répondu.

— Eh bien! reprit Napoléon, qui ne dit mot consent, et M. V... obtint peu de temps après une place de 6000 francs d'appointements dans un administration départementale.

Avant l'âge de deux ans, le jeune prince assistait régulièrement au déjeuner de Napoléon, où l'Impératrice se rendait aussi.

Jusqu'au moment des couches de Marie-Louise, ils avaient toujours déjeuné ensemble à une heure à peu près fixe ; mais, à cette époque, l'Empereur reprit ses anciennes habitudes ; il mangeait quand il avait faim, ou quand ses occupations le lui permettaient, mais il avait exigé que l'Impératrice continuât à déjeuner à son heure ordinaire.

Dès que le jeune Napoléon sut parler, il devint, comme presque tous les enfants, grand questionneur; il aimait beaucoup à voir le peuple qui se promenait dans le jardin et dans la cour des Tuileries, où donnaient ses croisées; il s'y rassemblait tous les jours beaucoup de monde pour le voir. Ayant remarqué que beaucoup de personnes entraient dans le château avec de grands rouleaux de papier sous le bras, il demanda à sa gouvernante ce que cela signifiait. Celle-ci lui dit que c'étaient des gens infortunés qui venaient demander grâce à son papa. Depuis ce temps, chaque fois qu'il voyait passer une pétition, il criait, pleurait, et n'avait pas de repos qu'on ne la lui eût apportée, et il ne manquait jamais de présenter, chaque jour, à son père, à son déjeuner, toutes celles qu'il avait recueillies ainsi la veille. On juge bien que, lorsque cette habitude fut connue du public, on ne laissa pas l'enfant manquer de pétitions.

Il vit un jour sous ses fenêtres une femme en deuil qui tenait par la main un petit garçon de trois ou quatre ans, aussi en deuil. Celui-ci tenait en main une pétition qu'il montrait de loin au jeune prince. L'enfant voulut savoir *pourquoi ce pauvre petit était habillé tout en noir.* La gouvernante lui répondit que c'était, sans doute, parce que son papa était mort. Il lui témoigna un grand désir de parler à cet enfant. Madame de Montesquiou, qui saisissait toutes les occasions de développer sa sensibilité, y consentit et donna ordre qu'on le fît entrer avec sa mère. C'était une veuve dont le mari avait été tué dans la dernière campagne, et qui, se trouvant sans ressources, sollicitait une pension. Le jeune Napoléon prit la pétition et promit de la remettre à son papa. Le lendemain, il fit son paquet ordinaire, mais il garda séparément celle à laquelle il prenait un intérêt particulier ; et, après avoir remis à l'Empereur les autres pétitions en masse, suivant sa coutume :

— Papa, lui dit-il, voici une pétition d'un petit garçon bien malheureux. Tu es cause que son papa est mort ; il n'a plus rien. Donne-lui une pension, je t'en prie.

Napoléon prit son fils dans ses bras, l'embrassa tendrement, accorda la pension à laquelle il fit donner un effet rétroactif, et fit expédier le brevet dans la journée. Ce fut ainsi qu'un enfant, qui n'avait encore que trois ans, eut déjà le bonheur de sécher les larmes d'une famille.

Il est de toute fausseté qu'on ait jamais employé à son égard le châtiment des verges. Madame de Montesquiou employait des moyens plus sages et plus utiles pour le corriger de ses défauts. Il était généralement doux, docile, et écoutait assez le langage de la raison ; quelquefois, cependant, il se livrait à des accès de colère. Un jour qu'il se roulait à terre en poussant de grands cris, sans vouloir écouter ce que lui disait sa gouvernante, celle-ci ferma les fenêtres et les contrevents. L'enfant, étonné, se releva aussitôt, oublia ce qui l'avait contrarié, et lui demanda pourquoi elle agissait ainsi.

— C'est de peur qu'on ne vous entende, répondit-elle : croyez-vous que les Français voudraient d'un prince comme vous, s'ils savaient que vous vous mettez ainsi en colère ?

— Crois-tu qu'on m'ait entendu ? s'écria-t-il ;

j'en serais bien fâché. Pardon, *maman Quiou* (c'est ainsi qu'il l'appelait); je ne le ferai plus.

C'est de cette manière qu'une femme spirituelle inspirait au jeune prince cette crainte du blâme, ce respect pour l'opinion publique, si nécessaires dans toutes les classes, et cherchait à tirer parti des heureuses dispositions qu'il avait reçues de la nature.

X

Mésintelligence avec la Russie. — Le comte de Czernitscheff. — Voyage en Hollande. — Le buste de l'empereur Alexandre. — Contrebande des dames de la cour. — M. de Beauharnais. — Spectacles, concerts et bals masqués. — Départ pour Dresde.

Depuis quelque temps, il s'était élevé de la mésintelligence entre la France et la Russie. La France reprochait à la Russie la violation du système continental; celle-ci exigeait une indemnité pour quelques duchés de nulle valeur, qui lui avaient été enlevés; elle élevait encore d'autres prétentions. Des rassemblements russes s'approchaient de Varsovie, en même temps qu'une armée française se formait dans le nord de l'Allemagne; cependant on était encore loin de songer à une guerre.

Ces mystères du cabinet, le ton insolite de quelques-unes des notes confidentielles de 1811, l'indice de grands préparatifs ordonnés dans le secret, de secrètes manœuvres, des intrigues au dehors, donnèrent l'éveil à la Russie. Déjà même le czar avait jugé qu'il était temps de pénétrer les projets de Napoléon, et, voulant une autre garantie que celle de son ambassadeur Kourakin, trop cajolé à Saint-Cloud, et partisan du système continental, il dépêcha à Paris, dès le mois de janvier, avec une mission diplomatique, le comte de Czernitscheff.

Ce jeune seigneur, colonel d'un des régiments de la garde impériale russe, se fit d'abord remarquer à la cour de Napoléon par sa politesse, son langage et ses manières chevaleresques. Il parut dans tous les cercles et dans toutes les fêtes; il y obtint de même, dans la haute société, des succès tels, qu'il fut bientôt à la mode auprès de toutes les dames qui se disputaient l'empire des grâces et de la beauté. Toutes aspiraient à recevoir les hommages de l'aimable et brillant envoyé d'Alexandre; il parut d'abord hésiter; enfin ce fut à la femme du général R... arrivé de l'armée d'Espagne depuis peu, que le Pâris de la Newa donna la pomme.

Le ministre de la police soupçonna que son séjour à Paris pouvait avoir des motifs secrets et couvrir un mystère qu'il était à propos d'éclairer; il fit suivre toutes ses démarches, et apprit qu'il avait des entrevues assez fréquentes avec un sous-chef de bureau du ministère de la guerre. Le duc de Rovigo en prévint le duc de Feltre et lui communiqua ses soupçons; celui-ci le rassura et lui dit qu'il savait que cette liaison n'était fondée que sur une conformité de goût pour la musique, qu'elle ne devait donner lieu à aucune inquiétude. La surveillance de la police n'en fut pas moins active, lorsque le ministre apprit un matin que ce colonel avait tout à coup quitté Paris la veille au soir. Il ordonna qu'on visitât avec soin l'appartement qu'il avait occupé; on y trouva des papiers déchirés en très petits morceaux; on les ramassa soigneusement et on les apporta au duc de Rovigo. Il donna aux plus adroits de ses agents l'ordre de les rapprocher et de chercher à en connaître le contenu. La chose fut impossible, mais il fut reconnu qu'ils sortaient d'un des bureaux du ministère de la guerre, qu'on lui indiqua; c'était précisément celui dans lequel travaillait le sous-chef qu'il soupçonnait. Il s'y rendit sur-le-champ, et, en deux heures de temps, il acquit la certitude que tous les plans de campagne de Russie, l'état des forces et le tableau de nos moyens avait été livrés au colonel russe, qui était parti muni de toutes ces pièces. L'ordre de l'arrêter fut transmis aux frontières par le télégraphe, mais, quand il arriva à Mayence, Czernitscheff avait déjà passé cette ville et se trouvait hors d'atteinte; bien des gens crurent que le duc de Feltre avait eu connaissance de sa mission et qu'il l'avait favorisée sous main.

Du moment où Napoléon sut que le comte de Czernitscheff avait quitté la capitale, il jugea la guerre déclarée. Depuis longtemps, il n'était plus accoutumé à se laisser prévenir; il pouvait marcher contre la Russie à la tête du reste de l'Europe, et ses destinées, ainsi que celles du nouveau système européen, étaient au bout de cette lutte. La Russie était la dernière ressource de l'Angleterre; la paix du globe était en Russie, il ne s'agissait que d'aller l'y chercher. Le succès ne devait pas être douteux. Quand même, il avait toujours rêvé l'indépendance de la Pologne : l'occasion était belle ; il ne prétendait rien acquérir, il ne se réservait que la gloire du bien et les bénédictions de l'avenir.

Au milieu de cette même année, l'Empereur et l'Impératrice partirent pour la Hollande. Napoléon précéda de deux jours Marie-Louise, parce qu'il voulait visiter les côtes de la Belgique. Ils se rejoignirent peu de temps après, avant de faire leur entrée à Amsterdam.

Ce fut dans ce voyage qu'on commença à s'apercevoir de la mésintelligence qui venait de naître entre lui et l'empereur de Russie. Étant à Amsterdam, on avait placé dans un cabinet de l'Impératrice un piano, construit de manière qu'il faisait l'effet d'un secrétaire partagé au milieu ; dans le vide était placé un petit buste de l'empereur de Russie. Quelques moments après son arrivée, l'Empereur voulut voir si l'Impératrice était bien logée ; en visitant l'appartement, il aperçut ce buste, il l'ôta et le mit sous son bras, sans dire un mot ; il continua à parcourir les différentes pièces, toujours le buste sous le bras, quoiqu'il fût assez lourd. Lorsqu'il eut fini sa visite, il donna le buste à madame D... en lui disant qu'il voulait qu'on l'ôtât. Cette exclusion étonna ceux qui en furent témoins; car, comme je viens de le dire, on était encore loin de croire la moindre mésintelligence entre les deux empereurs.

Il visita pendant deux mois les ports des principales villes, et revint à Bruxelles où sa présence excita un vif enthousiasme ; il y fit acheter par l'Impératrice pour cent cinquante mille francs de dentelles, afin de ranimer les manufactures. L'introduction en France des marchandises anglaises était alors sévèrement défendue : toutes celles qu'on pouvait saisir étaient brûlées sans miséricorde. Il en résultait que chacun cherchait à s'en procurer, car le vrai moyen de faire désirer une chose, c'est de la défendre, et la prohibition d'un objet ne fait qu'en rehausser le prix. La Belgique était encore pleine de marchandises anglaises, cachées avec soin. Toutes les dames de la suite de l'Impératrice en firent d'amples provisions; Marie-Louise voulut en avoir. Plusieurs voitures en furent chargées non sans crainte que l'Empereur n'en fût informé et ne fît tout saisir en arrivant en France. Lorsque vint l'instant du départ, on passa le Rhin et on arriva à Coblentz. Quinze voitures aux armes de l'Empereur, composant le premier service, ou l'avant-garde, si on veut lui donner ce nom, arrivèrent en même temps aux portes de la ville. Les commis étaient incertains de ce qu'ils devaient faire : les uns voulaient qu'on arrêtât les voitures, et qu'on les visitât ; les autres s'y opposaient en alléguant le respect dû à tout ce qui appartenait à l'Empereur. Ce dernier avis prévalut ; les voitures entrèrent librement, et, ayant une fois passé la première ligne des douanes françaises, elles amenèrent à bon port, et notamment à Paris, la cargaison de marchandises prohibées. Bien certainement, si on les eût arrêtées et confisquées, Napoléon, bien loin de le trouver mauvais, en aurait ri de tout son cœur, et probablement récompensé celui qui aurait eu le courage de faire son devoir. Déjà Napoléon avait définitivement arrêté le plan de son expédition de Russie. Il savait que cette campagne serait loin d'obtenir l'approbation universelle, et ce ne fut probablement que dans la vue de calmer le mécontentement qu'elle ferait naître, qu'il chercha à rattacher les cœurs à sa personne en déployant tous ses moyens de plaire : il en avait beaucoup lorsqu'il voulait s'en servir.

Jamais on ne l'avait vu si aimable, si affable; il accueillait tout le monde et parlait à chacun le langage qui devait lui convenir : banquier à Amsterdam, négociant à Bruxelles, armateur à Anvers, il visitait les manufactures, inspectait les chantiers, passait les troupes en revue, haranguait les marins et acceptait les bals qui lui étaient offerts dans toutes les villes où il s'arrêtait. Il s'y montrait poli, gracieux, parlait à tout le monde, et ne disait que des choses agréables.

Le court séjour que fit Marie-Louise à Amsterdam fut utilement employé par elle; d'abord elle voulut visiter le fameux village de Bruck, situé une lieue et demie de cette ville, et qui communique au Zuyderzée par un petit canal dont les bords sont en tout temps émaillés de fleurs; ensuite le bourg de Saardam, célèbre par les grands souvenirs historiques que Pierre le Grand y avait laissés. On lui servit un déjeuner dans la hutte qu'avait habitée l'autocrate de toutes les Russies, lorsqu'il apprenait par lui-même à construire un vaisseau.

Ce fut en Hollande que Napoléon parut éprouver un instant de prédilection pour une jeune dame de sa cour, qui avait accompagné Marie-Louise, la princesse Aldobrandini. Elle était fort aimable, avait de l'esprit et causait parfaitement bien. Un soir qu'elle avait brillé plus que de coutume, il dit à l'Impératrice et à la duchesse de Montebello que, si elles voulaient devenir parfaites, elles n'avaient qu'à tâcher de copier la princesse. Ce fut le premier mouvement d'humeur qu'il occasionna à Marie-Louise. Elle ne la témoigna pourtant que par le silence, et ne montra aucun ressentiment contre la princesse. Mais la duchesse se trouva profondément blessée et, depuis ce temps, elle ne cessa de tenir, contre cette jeune femme, les propos les plus piquants.

Les collèges électoraux avaient été assemblés pendant son absence; le maréchal Duroc, qui avait présidé celui du département de la

Meurthe, se présenta devant l'Empereur pendant qu'il déjeunait, un jour ou deux après son retour à Paris.

— Eh bien! lui dit Napoléon, que pense-t-on à Nancy de M...?

C'était un chambellan de l'Empereur, né dans le département, dont les biens y étaient situés, et qui ne jouissait pas d'une grande faveur auprès de son maître.

— Sire, répondit le maréchal, il y jouit de l'estime générale.

— Cela n'est pas possible, maréchal, c'est une bête.

— Je vous demande pardon, Sire, ce n'est pas une bête, c'est un homme aimé et considéré, parce qu'il mérite de l'être.

L'empereur se mit à rire et changea de conversation. Il n'aimait pas à être contredit, mais il savait apprécier le courage d'un homme qui, ayant une opinion contraire à la sienne, osait la soutenir avec noblesse.

M. de Narbonne avait aussi été présider un collège électoral dans un département assez éloigné de la capitale.

—Que dit-on de moi, dans les divers départements que vous avez parcourus? lui demanda l'Empereur.

— Sire, répondit M. de Narbonne, les uns disent que vous êtes un dieu, les autres que vous êtes un diable : mais chacun convient que vous êtes plus qu'un homme.

Napoléon, peu content de M. de Beauharnais, chevalier d'honneur de Marie-Louise, avait eu l'intention de nommer en sa place le même M. de Narbonne. Celui-ci était plein d'esprit et de finesse. Madame la duchesse le craignait; elle préférait M. de Beauharnais qu'elle avait pris sous sa protection. Elle représenta à l'Impératrice qu'elle devait le conserver près d'elle, ne fût-ce que par politique, attendu que, si sa place était donnée à un autre, on ne manquerait pas de répandre le bruit que son nom et sa parenté avec Joséphine lui avaient attiré cette disgrâce. Marie-Louise la crut : elle fit tant d'instance en sa faveur auprès de l'Empereur, qu'il consentit enfin à lui laisser ses fonctions, et, pour dédommager M. de Narbonne, il le nomma son aide de camp.

Jamais la cour de France ne fut plus brillante que pendant l'hiver qui suivit le voyage de Hollande. C'était au milieu des fêtes et des divertissements de toute espèce que Napoléon méditait la conquête de la Russie. Enfant gâté de la fortune, enivré d'adulations, n'envisageant pas même la possibilité d'un revers, il semblait célébrer d'avance ses victoires futures, et avoir chargé les Plaisirs de tous les préparatifs de la guerre. Pas un jour ne se passait qu'il n'y eût à la cour spectacle, concert ou bal masqué. Rien n'était plus brillant que ces réunions ; la salle des spectacles surtout offrait un coup d'œil éblouissant. L'Empereur et l'Impératrice occupaient une loge en face du théâtre ; à leurs côtés et derrière eux étaient les princesses et les princes de leur famille : à droite se trouvait la loge des ambassadeurs étrangers ; à gauche, celle des ministres français ; tout le surplus des premières loges ou plutôt d'une grande galerie qui en tenait lieu, était réservé aux dames de la cour en grande toilette et resplendissantes de diamants. Le parterre était rempli d'hommes décorés de cordons et de croix de toute espèce ; les secondes loges étaient destinées aux personnes, qui obtenaient des billets d'entrée, dont environ une centaine était distribuée à chaque représentation. Les femmes n'y pouvaient venir qu'en grande parure, et les hommes n'y étaient admis qu'en habit français et l'épée au côté. Pendant les entr'actes, des valets de pied à la livrée de l'Empereur distribuaient dans toute la salle des glaces et d'autres rafraîchissements avec profusion. Le bal masqué offrait un coup d'œil non moins imposant par la richesse et la variété des costumes. C'était l'amusement favori de Napoléon : il ne manquait jamais d'être instruit d'avance du déguisement sous lequel devaient s'y présenter les femmes qu'il voulait intriguer ; et, comme il connaissait toutes les anecdotes scandaleuses et toutes les intrigues secrètes de sa cour, il se faisait un malin plaisir de tourmenter les dames, d'inquiéter leurs maris ou leurs amants.

Je crois avoir dit plus haut qu'avant de quitter la Hollande, LL. MM. II. passèrent par Harlem, La Haye, Rotterdam, et qu'après avoir traversé le Rhin, elles visitèrent Cologne-la-Chapelle ; on était à la fin d'octobre ; l'Empereur et l'impératrice arrivèrent à Saint-Cloud dans les premiers jours de novembre 1811.

A cette époque, madame Murat avait obtenu, à force d'instance et de prières, que l'aînée des filles de Lucien fût appelée en France. Elle était chez la mère de l'Empereur; Lucien avait eu de son premier mariage deux enfants, et cinq du second, que Napoléon n'avait jamais voulu reconnaître ; le refus était fondé sur ce que la seconde femme, veuve d'un agent de change qui avait fait faillite, jouissait d'une fortune qui avait été frustrée aux créanciers de son mari.

Le motif de madame Murat, en faisant venir la fille de Lucien, était le désir d'en faire une reine d'Espagne. Effectivement la chose paraissait aisée. Les princes étaient à Valençay, et Ferdinand, dans toutes ses lettres à l'Empereur, plus flatteuses l'une que l'autre, lui demandait comme une grâce de lui accorder une de ses parentes. La résistance des Espagnols avait décidé Napoléon à remettre Ferdinand sur le trône en lui donnant sa nièce. Cette princesse était une belle et jolie personne, je l'ai vue chez l'Impératrice. Tout à coup on apprit qu'elle avait été renvoyée. On disait, pour motiver son départ, qu'elle avait écrit à son père une lettre où l'Empereur et l'Impératrice étaient peu ménagés, et que cette lettre, interceptée et mise sous les yeux de l'Empereur, avait causé le renvoi de cette princesse à son père.

XI

NAPOLÉON ET SA COUR A DRESDE.

Départ de Saint-Cloud. — Arrivée à Dresde. — L'empereur et l'impératrice d'Autriche. — Noblesse de Napoléon. — Le roi de Prusse et son fils. — Fêtes et spectacles. — Madame Talma. — L'empereur Alexandre. — Départ de Napoléon pour la Pologne. — Voyage de Marie-Louise à Prague. — Retour de Marie-Louise à Saint-Cloud.

Napoléon quitta Saint-Cloud le 9 mai 1812. Marie-Louise était dans la même voiture que son époux; une partie de la cour et presque toute la maison de Leurs Majestés étaient du voyage. Jamais départ pour l'armée ne ressembla davantage à un voyage d'agrément. On arriva à Mayence le 11 mai : l'Empereur passa la revue des troupes et visita toutes les places fortes environnantes. Le 13, on s'arrêta à Aschaffenbourg, chez le prince primat et chez le grand-duc, oncle de l'Impératrice, où se trouvaient déjà réunis le roi de Wurtemberg et le grand-duc de Bade. Le 16, Leurs Majestés rencontrèrent à Freyberg le roi et la reine de Saxe empressés de venir au-devant des illustres voyageurs, et, le même jour, à dix heures du soir, Napoléon et Marie-Louise étaient arrivés à Dresde.

L'Empereur et l'Impératrice occupèrent les grands appartements du château et y furent constamment entourés d'une partie nombreuse de leur maison. Le *lever* de Napoléon se tenait comme à l'ordinaire à huit heures. C'est là qu'il fallait voir avec quelle soumission une multitude de rois et de princes, confondus dans la foule des courtisans de toute sorte, attendaient le moment de se présenter à ses regards. Le lendemain de son arrivée, il trouva à son lever les princes régnants de Saxe-Weimar, de Saxe-Cobourg et de Nassau. Le roi de Westphalie et le grand-duc de Wurtzbourg arrivèrent dans la journée et le complimentèrent aussitôt.

Le 18, l'empereur et l'impératrice d'Autriche

firent leur entrée solennelle à Dresde. Quel moment pour Marie-Louise ! Se retrouver dans les bras d'un père et reparaître aux yeux éblouis de sa famille, la plus heureuse des épouses et la première des souveraines ! Son auguste père ne put cacher la vive émotion qu'il éprouva ; il embrassa tendrement son gendre, et, reconnaissant les droits qu'il avait acquis sur son cœur, il se plut à lui répéter qu'il pouvait compter sur lui et l'Autriche pour le triomphe de la cause commune.

Dès cette première entrevue, l'empereur d'Autriche apprit à Napoléon que la famille des Bonaparte avait été souveraine à Trévise ; qu'il en était bien sûr, parce qu'il s'en était fait représenter les titres authentiques. Il attachait à la preuve de cette noblesse une telle importance, que le monarque quitta brusquement Napoléon pour apprendre cette bonne nouvelle à Marie-Louise, qui, elle-même, en fut très flattée.

Ce jour-là, le roi de Saxe réunit tous ces illustres hôtes dans un banquet magnifique. Les principaux ministres, les confidents, les conseillers intimes faisaient foule derrière les princes, et dans le nombre on distinguait MM. de Metternich et de Hardenberg. Leur attitude devant Napoléon était celle de l'admiration pour son génie; leur langage avec les personnes de la maison impériale était celui du dévouement pour sa personne.

Le souverain de la Prusse manquait à cette grande assemblée, il avait d'abord été convenu que Napoléon, s'il quittait Dresde pour se rendre à l'armée, passerait par Berlin; son logement y avait même été préparé, et le roi de Prusse, pour le recevoir, était resté dans sa capitale. Cependant ce prince arriva le 26 à Dresde, et s'empressa de visiter Napoléon et de lui dire :

— Sire, mon frère, je vous réitère l'assurance d'un attachement inviolable au système qui nous unit.

Il offrit à Napoléon son fils, le prince royal de Prusse, pour l'accompagner en qualité d'aide de camp, dans la campagne qu'il allait entamer. Sa Majesté prussienne le présenta même aux aides de camp de l'Empereur des Français, en leur demandant leur amitié pour ce nouveau compagnon d'armes. Mais, les premiers moments d'effusion passés, les comparaisons, les jalousies, les animosités s'établirent, et lorsque les princes et princesess se séparèrent pour retourner chacun chez eux, ils étaient moins bons amis qu'ils n'avaient eu l'intention de l'être ou du moins qu'ils ne l'étaient réellement avant leur réunion.

Je n'entreprendrai pas de décrire l'appareil de cette cour, où tant d'autres cours sont venues se réunir des points les plus opposés de l'Allemagne ; le luxe qu'elles déployaient à l'envi, les fêtes, les concerts, les banquets, les parties de chasse, les bals, les assemblées qui s'y disputaient les heures, tout ce mouvement enfin avait fait de la capitale de la Saxe un séjour rayonnant de splendeur et de magnificence, dont Napoléon était le centre.

Pour donner aux habitants une idée de l'éclat qui environnait son trône, l'Empereur des Français avait emmené avec lui tout ce qui pouvait concourir à en faire l'ornement; le spectacle n'avait point été négligé, et il s'était fait suivre par l'élite des acteurs du premier Théâtre-Français. On pense bien que Talma n'avait point été oublié : il avait emmené sa femme avec lui, dans l'espoir de la réconcilier avec le monarque qui, je ne sais pourquoi, ne pouvait la souffrir, tandis qu'il comblait son époux des marques de sa faveur et de sa générosité. Talma ne réussit pas; car Napoléon, ayant vu paraître sur la scène l'objet de son injuste prévention, manifesta hautement son mécontentement; il ordonna à son préfet du palais de signifier à madame Talma l'ordre de ne plus reparaître sur la scène française.

Napoléon travaillait beaucoup à Dresde, et Marie-Louise, jalouse de profiter des plus petits loisirs de son époux, sortait à peine pour n'en perdre aucun. L'empereur François, qui ne faisait rien et qui s'ennuyait beaucoup, s'amusait, faute de mieux, à courir la ville et à entrer dans les boutiques du matin au soir, ne comprenant rien à cette réclusion de ménage. L'impératrice d'Autriche cherchait aussi à faire courir Marie-Louise, en lui peignant son assiduité comme ridicule. Elle eût volontiers pris le ton de sa belle-mère, si elle n'avait craint Napoléon. Celui-ci avait voulu que sa femme déployât le plus grand luxe dans ce voyage. Tous les diamants de la couronne avaient été portés à Dresde; Marie-Louise en était littéralement couverte; et sa belle-mère, qui n'avait rien oublié pour paraître aussi avec éclat, fut mortifiée de se voir éclipsée par sa belle-fille. Aussi assistait-elle presque tous les matins à la toilette de Marie-Louise, elle furetait partout, dans ses dentelles, ses rubans, ses étoffes et ses châles, ses bijoux, etc, etc.; enfin elle ne s'en allait jamais les mains vides. Elle haïssait Napoléon; celui-ci déploya en vain auprès d'elle toutes les ressources de la galanterie française, il ne put triompher de son éloignement, qu'elle laissait souvent paraître malgré elle.

L'entrevue de Dresde fut l'époque de la plus haute puissance de Napoléon. Il en était à être obligé de témoigner qu'on s'occupât de l'empereur d'Autriche; son beau-père, un peu plus qu'on ne le faisait. Ce souverain, non plus que le roi de Prusse, n'avait pas de maison à sa suite. Tous mangeaient à la table de Napoléon, et c'était lui qui fixait les heures, l'étiquette et le ton. Lorsqu'il faisait passer l'emreur François ou le roi de Prusse devant lui, ceux-ci étaient dans le ravissement. Le luxe et la magnificence de la cour impériale de France firent considérer Napoléon comme un roi d'Asie l'aurait été. Là, comme à Tilsitt, il gorgea de diamants et d'or tous ceux qui l'entouraient. Tout le temps qu'il resta à Dresde, il n'eut pas un seul soldat français autour de sa personne; il n'eut pas d'autre garde que les gardes du corps saxons.

Cependant l'empereur Alexandre était arrivé à Wilna à la fin d'avril, accompagné de tout son état-major; de là il avait fait son entrée dans la capitale de la Pologne. L'exigence des circonstances ne permettait plus à Napoléon de différer d'envoyer un ambassadeur au czar; le choix tomba sur l'archevêque de Malines, qui se rendit aussitôt à son poste, accompagné de M. de Narbonne, alors aide de camp de l'Empereur. Il vit Alexandre qui resta inébranlable dans la résolution qu'il avait prise, si on ne lui accordait les indemnités qu'il avait fait demander précédemment par son ambassadeur Kourakin. En conséquence, Napoléon se prépara à quitter Dresde. Le 28, il arrêta toute ses dispositions avec les secrétaires d'État envoyés de Paris par les divers ministres, et, le lendemain, à deux heures du matin, il quitta la capitale de la Saxe pour se mettre à la tête de la plus belle armée qu'il ait encore eue. Le prince de Neufchâtel monta dans sa voiture ; le grand maréchal et le grand écuyer le suivaient immédiatement dans une autre ; le reste de sa maison civile et militaire l'avait déjà précédé. Le duc de Bassano et le comte Daru restèrent seuls à Dresde pour l'expédition des courriers, en attendant les nouveaux ordres de l'Empereur pour le rejoindre.

Dès que Napoléon fut parti, chaque prince s'empressa de retourner dans ses États, et Marie-Louise vit, pour la première fois, la foule s'écouler devant elle : elle ne retint que son oncle, le grand-duc de Wurtzbourg. Elle-même se mit en route le 5 juin suivant pour Prague. L'empereur et l'impératrice d'Autriche vinrent au-devant d'elle avec toute leur cour ; Sa Majesté quitta sa voiture et monta dans celle de son père. L'entrée du brillant cortège dans la ville de Prague se fit au bruit du canon et des cloches ; des troupes bordaient la haie et toutes les maisons étaient tapissées avec magnificence.

En arrivant dans les appartements du palais, Sa Majesté trouva toutes les autorités civiles, religieuses et militaires de la ville, les personnes qui n'avaient pas fait partie du cortège et un nombreux service d'honneur que l'empereur d'Autriche avait choisi parmi les plus distingués serviteurs de sa maison.

Marie-Louise était de retour à Saint-Cloud, de son voyage à Prague, le 18 du même mois.

XII

Départ de Napoléon pour la Grande armée. — Marche sur Moscou. — Conspiration de Mallet. — Paroles de l'empereur. — Le duc de Rovigo. — Désastres. — Retour de Napoléon à Paris. — Prière du roi de Rome. — Préparatifs pour une nouvelle campagne. — Le duc de Feltre.

Napoléon était parti pour la Pologne, où il était appelé par les vœux d'un peuple qui croyait qu'il venait rétablir le royaume et lui rendre ses anciennes limites. Il n'en fit rien ; il avait des vues différentes, et ce fut une faute qui lui coûta cher. Il marchait à la tête de la plus belle armée que la France eût jamais mise sur pied, renforcée de troupes auxiliaires d'Italie et de la Confédération du Rhin, et traînant à sa suite de formidables parcs d'artillerie et des provisions immenses.

La victoire parut d'abord vouloir se montrer fidèle à celui qui, jusqu'alors, avait été son favori, et il marcha de succès en succès jusqu'à Smolensk. Arrivé dans cette ville, il eut un instant le projet de ne pas avancer davantage; il en parla à ses confidents, et traita de *pays barbare* la contrée où il se trouvait; mais un de ses généraux lui observa qu'ayant souvent signé la paix dans les capitales, il fallait aller jusqu'à Moscou pour y signer celle avec la Russie. Il crut à ce conseil imprudent, et l'armée se mit en marche vers l'ancienne capitale des czars.

L'Empereur, arrivé à Moscou, où il comptait trouver des vivres et faire reposer ses troupes, n'y trouva que l'incendie et aucun secours pour son armée. Il écrivit à l'empereur Alexandre et lui proposa de traiter de la paix; plusieurs jours s'écoulèrent avant qu'Alexandre prît une détermination; enfin il écrivit au général commandant son armée qu'il consentait à traiter de la paix avec Napoléon. Au moment où cet ordre arriva au quartier général russe, Moscou était en feu, et le froid se faisait déjà sentir avec rigueur. Le général prit sur lui de différer d'exécuter l'ordre de son souverain, persuadé que l'armée française serait forcée de se retirer, et que l'Empereur lui saurait gré de sa désobéissance; en effet, de cette désobéissance ont résulté les malheurs de l'armée française [1].

Pendant que Napoléon revenait de Moscou, un événement bien extraordinaire se passait à Paris[2]. Un individu échappé de prison s'empa-

---

[1]. Cette circonstance a été communiquée à l'auteur par un seigneur russe qui en était parfaitement instruit.

[2]. C'était à Smolensk, et pendant le cours de cette lugubre retraite, que Napoléon apprit tout à coup la fameuse échauffourée du général Mallet.

« Ce fut à la hauteur de Mikalewka, et le 6 novembre (dit M. de Ségur), à l'instant où ces nuées chargées de frimas crevaient sur nos têtes, que l'on vit le comte Daru accourir, et un cercle de vedettes se former autour de lui et de l'Empereur.

» Une estafette, la première qui, depuis dix jours, avait pu pénétrer jusqu'à nous, venait d'apporter la nouvelle de cette étrange conjuration tramée dans Paris, par un général obscur et au fond d'une prison. Il n'avait eu d'autres complices que la fausse nouvelle de notre destruction, et de faux ordres, à quelques troupes, d'arrêter le ministre, le préfet de police et le commandant de Paris. Tout avait réussi par l'impulsion d'un premier mouvement, par l'ignorance et par l'étonnement général; mais aussi, dès le premier bruit qui s'en était répandu, un ordre avait suffi pour rejeter dans les fers le chef avec ses complices ou ses dupes.

» L'Empereur apprenait à la fois leur crime et leur supplice. Ceux qui de loin cherchaient à lire sur ses traits ce qu'il devait penser n'y virent rien. Il se concentra; ses

ET MARIE-LOUISE. 135

rait du ministre de la police, le jetait dans un cachot, se rendait maître des postes militaires et était sur le point de renverser en quelques heures le gouvernement impérial. Cette tentative fut mal conduite; mais l'instant n'en pouvait être mieux choisi. La guerre contre la

premières et seules paroles à Daru furent : *Eh bien! si nous étions restés à Moscou!* Puis il se hâta d'entrer dans une maison palissadée qui avait servi de poste de correspondance (*Histoire de Napoléon et de la Grande armée pendant l'année* 1812, t. II, chap. XII. p. 187 et suiv.).

Dès que Napoléon fut seul avec ses officiers les plus dévoués, toutes ses émotions éclatèrent à la fois par des exclamations d'étonnement, d'humiliation et de colère. Quelques instants après, il fit venir plusieurs militaires pour remarquer l'effet que produisait une si étrange nouvelle : il vit une douleur inquiète, de la consternation, et la confiance dans la stabilité de son gouvernement tout ébranlée. Il put savoir qu'on s'abordait en gémissant et en répétant qu'ainsi la grande révolution de 1789, qu'on avait crue terminée, ne l'était pas encore.

Quelques-uns se réjouirent de cette nouvelle, dans l'espoir qu'elle hâterait le retour de l'Empereur en France, qu'il s'y fixerait, et qu'il n'irait plus se risquer au dehors, n'étant pas sûr du dedans. Quant à Napoléon, toutes ses pensées le précédaient encore dans Paris, et il continuait de s'avancer machinalement vers la France; mais, à peine fut-il arrivé, qu'il fit venir aussitôt le grand chancelier à Saint-Cloud, et, dès qu'il l'eut aperçu, il courut à lui, l'œil enflammé de colère : « Ah! ah! vous voilà, Monsieur, lui dit-il d'une voix tonnante! Qui vous a permis de faire fusiller mes officiers? Pourquoi m'avez-vous privé du plus beau droit de souverain, celui de faire grâce? Monsieur, vous êtes bien coupable! »

(*Note communiquée*).

Russie avait occasionné un mécontentement presque général ; les nouvelles levées d'hommes qu'elle avait nécessitées avaient indisposé toutes les classes. On craignait que Napoléon n'obtînt trop de succès, parce qu'on était convaincu qu'il voudrait ensuite envoyer des troupes par terre, pour tenter de détruire la puissance anglaise dans les Indes, ce qui paraissait être le véritable but de ses désirs et de son ambition. Son éloignement à une si grande distance faisait qu'on parlait, qu'on murmurait plus librement, les ministres inspiraient peu de crainte : tout semblait donc se réunir pour favoriser une conspiration.

Mallet, général suspect à l'Empereur, enfermé dans une maison de santé, sous prétexte de folie, conçut en ce moment le projet d'une révolution et osa le mettre à exécution, sans plan arrêté, sans complices et sans argent. S'étant échappé de la maison où il était détenu et s'étant muni de prétendus décrets du Sénat qui annonçaient la mort de l'Empereur et nommaient le général Mallet commandant militaire de Paris, il se rend seul, au milieu de la nuit, à une caserne, lit le soi-disant décret dont il était porteur, et se fait suivre par un régiment qui s'y trouvait. De là il se rend à la prison de la Force, et, en vertu de la dignité dont il s'était investi lui-même, il fait mettre en liberté un officier général, nommé Lahorie, détenu par mesure de police, et sur lequel il croyait pouvoir compter. Celui-ci, avec un détachement du même régiment, se rend à l'hôtel du ministre de la police, lui apprend la mort de Napoléon, lui dit qu'il est chargé par le Sénat de s'assurer de sa personne; le duc de Rovigo, à peine éveillé, entouré de toutes parts, étourdi de ces deux nouvelles, se laissa arrêter et conduire à la Force. Avant sept heures du matin, il se trouvait sous les verrous, dans la même prison d'où Lahorie était sorti quelques heures auparavant : il eut bientôt pour compagnon le préfet de police qui s'était laissé arrêter avec la même crédulité.

Pendant ce temps, Mallet s'était rendu à l'état-major de la place pour arrêter le général Hulin; celui-ci ne fut pas aussi confiant que Savary, il demanda à voir le décret du Sénat; et Mallet, feignant de le chercher dans sa poche, en tira un pistolet, fit feu sur le général, et lui fracassa la mâchoire. En ce moment, l'adjudant général Laborde, homme actif et intrépide, arrivait à l'état-major. Il apprit ce qui se passait, convainquit les officiers qui avaient suivi Mallet qu'ils étaient le jouet d'un imposteur, et s'assura de sa personne. Il se rendit ensuite au ministère de la police : il y trouva Lahorie, qui, après avoir donné aux commis des ordres pour préparer une lettre circulaire, était en conférence sérieuse avec un tailleur à qui il commandait un habit. Après l'avoir fait arrêter, il courut à la Force et fit mettre en liberté le ministre de la police ; enfin, s'étant rendu au département, il y trouva un autre émissaire envoyé par Mallet, et le préfet, aussi crédule que Rovigo, s'occupant à faire préparer une salle où on lui dit que le gouvernement provisoire devait se réunir dans la matinée. A onze heures du matin, tout était rentré dans l'ordre.

Marie-Louise était à Saint-Cloud pendant que ce mouvement avait lieu à Paris. On doit dire, à son honneur, qu'elle montra en cette occasion du sang-froid et du courage. Elle donna ordre au peu de troupes qui s'y trouvaient de se mettre sous les armes; mais à peine avaient-elles eu le temps de l'exécuter, qu'elle apprit que les conspirateurs étaient arrêtés.

La nouvelle de la mort prétendue de l'Empereur, et celle plus véritable de l'arrestation du ministre et du préfet de police, s'étaient répandues rapidement dans Paris, sans y produire aucun effet. On ne vit ni démonstration de joie, ni signes de chagrin; les faubourgs Saint-Antoine et Saint-Marceau, si agités dans toutes les révolutions, restèrent dans une tranquillité parfaite. Le seul sentiment qui parut animer les Parisiens était celui qu'éprouvent les spectateurs d'une partie de dames, la curiosité de savoir comment tout cela finirait. Le lendemain on n'y pensait plus que pour lâcher quelques sarcasmes contre le ministre de la police, dont on disait, entre autres choses, qu'il avait fait en cette occasion *un tour de force.*

Je dois, au sujet de la conspiration Mallet, raconter une anecdote, qui fait honneur à ce malheureux Lahorie. Un an avant l'époque dont je parle, il devait être fusillé. Savary, qui l'avait connu autrefois, parvint à lui sauver la vie : au moment où l'on vint pour arrêter le duc, un sergent qui commandait une partie des troupes qui accompagnaient Lahorie voulut le tuer. Lahorie s'élança sur le sergent, le désarma et lui dit que, devant la vie au duc, il ne souffrirait pas qu'on le touchât. Savary fit tout ce qu'il put, après l'événement, pour empêcher sa condamnation; et, ayant échoué, il prit un soin particulier de sa famille.

Puisqu'il est question du duc de Rovigo, je vais donner quelques détails qui diminueront les impressions défavorables qu'ont répandues sur lui quelques libelles.

Son père, ancien lieutenant-colonel du régiment de Royal-Normandie cavalerie, y plaça son fils, alors âgé de seize ans, en 1789; le jeune homme y passa cinq ans et demi, aide de camp du général Férino; un physique agréable et quelques succès à la guerre lui valurent cette place qu'il perdit au 18 fructidor; il passa dans la même qualité auprès du général Desaix, qu'il suivit en Égypte, et avec lequel il revint. A la mort de ce dernier, il devint aide de camp de Napoléon.

Beaucoup d'activité, d'exactitude, l'avaient

toujours fait aimer de ses généraux ; une grande ambition, la soif de parvenir, formaient une partie de son caractère ; ses manières étaient rudes, son ton absolu ; mais il avait de l'esprit naturel et un grand dévouement. Il disait que, lorsqu'il s'agissait de l'Empereur, il ne connaissait ni femme ni enfants : c'était le fanatisme de la reconnaissance.

Une justice à lui rendre, c'est qu'il n'a jamais méconnu aucun de ses anciens amis.

Tous les officiers de Royal-Normandie, émigrés ou non, qui ont voulu être placés, n'ont eu qu'à s'adresser à lui. Il avait fait avoir une préfecture à son ancien colonel. Je pourrais citer deux cents personnes qui lui ont dû leur existence.

Lorsqu'il était ministre de la police, combien de fois ne s'est-il pas exposé à des désagréments par la protection qu'il accordait à tel ou tel individu !

MM. de Polignac, entre autres, lui ont dû de grands adoucissements à leur captivité.

Sur ces entrefaites, Napoléon était arrivé à Moscou, et il avait vu les Russes brûler cette ville, afin que les Français ne pussent profiter des provisions, des munitions et des richesses de toute espèce qui s'y trouvaient. Alexandre amusait son ennemi par des propositions de paix, parce qu'il comptait sur un auxiliaire puissant, qui ne pouvait manquer d'arriver, et qui devait être plus fatal aux troupes françaises que toutes les armées réunies. Les gens sages craignaient et prévoyaient ces malheurs, mais l'Empereur ne voulait écouter aucun conseil : pouvait-il se résoudre à retourner sur ses pas sans avoir frappé un coup décisif? Enfin le prince Poniatowski se jeta à ses pieds :

— Sire, lui dit-il, votre armée court les plus grands dangers : je connais le climat; le temps est beau aujourd'hui, le thermomètre ne marque que 4, mais demain, mais ce soir même, il peut descendre à 20 et à 30 degrés[1].

Napoléon se rendit, et donna l'ordre du départ pour le surlendemain. Mais, dès le lendemain l'événement prédit par le prince Poniatowski était arrivé. On connaît les désastres qui en résultèrent. L'armée française fut complètement détruite; ceux que la faim,

---

1. Il s'agit ici du thermomètre de Réaumur.

le froid ou que le fer des Russes épargnèrent, furent envoyés prisonniers dans le fond de la Sibérie.

L'Empereur fit sa retraite, si l'on peut donner le nom de retraite à une fuite précipitée : car il ne s'arrêta que lorsqu'il se trouva sur le territoire de Saxe.

On reçut à Paris ce bulletin si effrayant, rédigé par Napoléon lui-même, et qui laissait deviner une grande partie de nos malheurs, sans cependant les faire connaître dans toute leur étendue. Toute la France fut plongée dans la consternation ; il s'y trouvait à peine une famille qui n'eût à pleurer ou à craindre.

Napoléon ne s'arrêta point en Saxe : il reprit sur-le-champ la route de France. Il avait écrit plusieurs fois à l'Impératrice, mais sans lui annoncer son retour. Il arriva sans être attendu. Marie-Louise, triste et souffrante depuis quelque temps, venait de se mettre au lit ; la dame de service, mademoiselle K..., qui devait coucher dans une chambre voisine de Sa Majesté, se disposait à en faire autant et à fermer toutes les issues, quand elle entendit plusieurs voix dans le salon qui précédait. Au même instant, la porte s'ouvre : elle voit entrer deux hommes couverts de grands manteaux fourrés. Elle se précipite vers la porte qui conduisait à la chambre de l'Impératrice pour en barrer l'entrée, quand un des deux hommes ayant écarté son manteau, elle reconnut l'Empereur. Un cri qu'elle jeta avertit l'Impératrice qu'il se passait quelque chose d'extraordinaire dans l'appartement à côté; elle allait sauter hors de son lit, quand son mari entra et la serra affectueusement dans ses bras. Cette entrevue fut tendre. Le compagnon de l'Empereur était M. de Caulaincourt, avec qui il était arrivé dans une mauvaise calèche. Ils avaient eu beaucoup de peine à se faire ouvrir les portes du château, tant on était loin de les attendre.

Il ne régna pas à la cour, cet hiver, autant de gaieté que pendant celui qui l'avait précédé. Les fêtes y furent rares, et les plaisirs semblaient en être bannis. Napoléon fut, pendant quelque temps, sombre, triste et rêveur ; il se montrait peu en public, et semblait craindre d'être mal accueilli. Il se trompait dans cette circonstance, et le public le lui prouva dès qu'il parut. Il s'offrait sous un nouveau jour, ce n'était plus ce héros toujours victorieux : on le voyait, pour la première fois, malheureux et fugitif; on blâmait ses fautes; on gémissait des pertes qu'on venait d'éprouver ; mais l'intérêt, l'affection, se réveillèrent lorsqu'on le vit, et de vives acclamations l'accueillirent ; non de ces acclamations payées, mais de celles qui partent du cœur. Les Français sont éminemment généreux, ils le prouvèrent dans cette circonstance; ceux même qui ne l'aimaient pas gardèrent le silence et n'insultèrent pas à un malheur que tant de brillants souvenirs ne devaient faire regarder que comme passager.

Cet accueil l'encouragea, et déjà déterminé à former promptement une nouvelle armée, il chercha à se rendre populaire, parce qu'il savait qu'aucun sacrifice ne coûte aux Français, quand il est fait pour un prince qu'ils aiment. Il se montra davantage, visita tous les établissements et tous les travaux publics, sans autre suite qu'un aide de camp, causant familièrement avec tous ceux qu'il rencontrait, et laissant sur son passage des marques de sa bienfaisance et de sa générosité. Il trouvait quelquefois des gens qui osaient lui demander la paix : il répondait qu'elle était l'unique objet de ses désirs; que la France avait acquis assez de gloire par les armes, et qu'il ne voulait plus faire qu'une campagne, pour assurer sur des bases solides la tranquillité de l'Europe.

Madame de Montesquiou, qui cherchait à donner de bonne heure à son auguste élève les principes de piété qui la distinguaient elle-même, l'avait habitué à prier Dieu matin et soir. Depuis les désastres éprouvés en Russie, elle avait ajouté ces mots à ses prières enfantines : « Mon Dieu inspire à papa le désir de faire la paix pour le bonheur de la France et de nous tous. » Napoléon se trouvait un soir dans les appartements de son fils, à l'heure de sa prière; madame de Montesquiou n'y changea rien, et l'Empereur entendit l'enfant répéter les mots que je viens de citer : il sourit et ne fit aucune réflexion à ce sujet. Il connaissait les sentiments de la gouvernante : elle avait déjà eu le courage de lui apprendre ce que ses flatteurs cherchaient à lui cacher, c'est-à-dire combien la France désirait la paix, et combien elle en avait besoin. Napoléon l'écoutait tranquillement, lui répondant qu'il *voulait* la faire, puis il changeait de conversation.

Cependant les préparatifs pour cette nouvelle campagne se faisaient avec une activité incroyable. De nouvelles armes semblaient tomber du ciel ; d'immenses magasins de vivres, de fourrages et de munitions se formaient de toutes parts, et les hommes semblaient sortir de terre pour remplir les cadres des anciennes légions, et en composer de nouvelles qui venaient successivement passer en revue devant l'Empereur. Voyant défiler un jour, sous les fenêtres du jardin des Tuileries, un régiment de chasseurs nouvellement formé :

— Le beau régiment ! s'écria-t-il ; avec cela on peut être sûr de vaincre tout et partout.

La formation des gardes d'honneur souleva contre lui tous les anciens nobles, tous les gens riches qui avaient payé des sommes considérables pour soustraire leurs fils au service militaire, en leur achetant des remplaçants, ce que plusieurs avaient été obligés de faire deux et même trois fois. Cette mesure était si injuste et si impolitique, que bien des gens soupçonnèrent le duc de Feltre, qui la proposa, d'avoir eu des intentions perfides, et d'avoir voulu, par là, éloigner de lui la classe la moins nombreuse sans doute, mais la plus à craindre par ses talents, ses richesses et son influence; en un mot, on crut que ce ministre avait été gagné par quelque puissance étrangère.

Il avait aussi tenu une conduite suspecte lors de la conspiration, ou pour mieux dire, de l'entreprise mal concertée du général Mallet. Il prétendit avoir donné des ordres pour le faire arrêter, être monté à cheval et avoir parcouru les rues de Paris pour calmer les esprits et les détromper. Il est bien vrai qu'il fit tout cela, mais ce ne fut qu'après que Laborde eut fait arrêter Mallet et fait sortir de la Force le duc de Rovigo. Jusque-là il était resté fort tranquille dans son hôtel, et avait semblé attendre l'événement pour se déclarer.

XIII

Doutes de Napoléon sur la bonne foi de l'Autriche. — Le duc de Bassano. — Marie-Louise régente. — Ouverture de la campagne de 1813. — Le contrôleur Colin. — Mort du grand maréchal Duroc. — Retour imprévu de l'Empereur à Saint-Cloud. — La garde nationale parisienne. — Départ de Napoléon pour la campagne de France. — Il est trahi par un de ses généraux. — Arrivée des alliés sous les murs de Paris.

Napoléon était loin de s'abuser sur la crise qui menaçait la France; il voyait fort bien toute l'immensité du péril dont il se trouvait entouré, quand il ouvrit la campagne. Dès son retour de Moscou, il avait reconnu le danger et s'était appliqué à le conjurer. Il fut dès lors décidé aux plus grands sacrifices; mais le moment de les avouer lui semblait délicat, et c'est surtout ce dernier point qui l'occupait.

La fidélité des alliés de la France en Allemagne ne paraissait pas encore chanceler ; cependant il avait déjà conçu des doutes sur la bonne foi de l'Autriche, et il les communiqua au duc de Bassano, ministre des affaires étrangères; celui-ci, malgré son esprit et sa finesse, était l'homme le moins propre à remplir cette place importante, et déjà plus d'une fois il avait été dupe des cabinets étrangers. Interrogé par l'Empereur sur les dispositions de l'Autriche, il l'assura le plus positivement possible qu'elles étaient pacifiques et amicales. Il paraît, au surplus, que le ministre, crédule ou trompé, en avait la conviction, et il la fit partager à Napoléon. Marie-Louise, qui tremblait de voir rompre l'union qui avait existé depuis son mariage entre son père et son mari, lui sut gré de la conduite qu'il venait de tenir et de la confiance qu'il montrait en la loyauté de l'empereur d'Autriche. Elle n'aimait pas la duchesse de Bassano; mais, depuis ce moment, elle lui accorda ses bonnes grâces, et lui prodigua en toute occasion les marques de sa considération particulière. Toute la cour fut surprise de voir la faveur dont la duchesse vint à jouir tout à coup. On l'attribua à l'intimité qui régnait entre elle et madame de Montebello, mais on se trompa : je viens d'en indiquer la véritable cause.

Au milieu du printemps, l'Empereur partit pour le nord de l'Allemagne où il avait déjà fait filer ses troupes. Avant son départ, il nomma l'Impératrice régente de l'empire, et son frère Joseph président du conseil de régence. Marie-Louise l'accompagna jusqu'à Mayence. On n'aurait jamais cru, en voyant son armée, qu'elle appartenait à la nation qui venait d'en perdre une si belle et si nombreuse dans la campagne précédente.

Le 2 mai, Napoléon ouvrit la campagne de Saxe par les victoires de Lutzen et de Bautzen. Mais ces victoires ne furent pour lui que des jours de deuil ; Bessières, duc d'Istrie, Bruyère, général de la garde et Duroc, grand maréchal du palais, y perdirent la vie : l'Empereur leur était sincèrement attaché. La perte de Duroc lui fut plus sensible que les autres. La cause en était peut-être due aux souvenirs qui se rattachaient à leur ancienne amitié.

On ne sera peut-être pas fâché d'avoir quelques détails sur cette catastrophe; ceux que je vais tracer ici m'ont été racontés par un témoin digne de foi, et qui ne se sépara de Duroc que lorsqu'il eut entièrement cessé de vivre.

L'Empereur n'était arrivé à son quartier général de Bautzen que le 20 mai, à neuf heures du soir.

— Chaque jour a ses peines, dit-il aux principaux chefs de son armée qui l'entouraient; donnons quelques moments au repos, et nous recommencerons demain.

Puis, s'asseyant pour prendre le modeste repas qu'on lui avait préparé, il aperçut son premier contrôleur, M. Colin :

— Ah! ah! vous voilà, monsieur le brave! lui dit-il en souriant; — et se tournant vers le prince de Neufchâtel, il ajouta : — Ce diable d'homme n'est-il pas venu ce matin me chercher au milieu du feu pour me donner une croûte de pain et un verre de vin! La place n'était pas commode, n'est-ce pas, Colin? Vous vous souviendrez de ce déjeuner.

— Oui, Sire, murmura entre ses dents le

fidèle serviteur, et surtout des obus qui faisaient des gentillesses auprès de Votre Majesté.

Le lendemain, jour de bataille, l'Empereur fut sans cesse sur les pas de l'avant-garde; les boulets sifflaient comme de plus belle; Napoléon ne put cacher un mouvement d'humeur en voyant l'armée ennemie lui échapper toujours.

— Comment, dit-il, après une telle boucherie, aucun résultat! pas un prisonnier! Ces gens-là ne me laisseront pas un clou!

Dans ce moment, un chasseur des guides de son escorte est tué à quelques pas de lui par un boulet russe. Napoléon, qui le voit presque tomber sous les pieds de son cheval, ajoute, en s'adressant à son grand maréchal :

— Duroc, la fortune nous en veut bien aujourd'hui.

La journée n'était pas finie!...

L'Empereur, apercevant une hauteur d'où il pourrait voir ce qui se passait, descendit rapiment le chemin creux pour regagner une petite route qui conduisait à cette éminence; ceux qui l'accompagnaient, le duc de Vicence, le duc de Trévise, le maréchal Duroc et le général du génie Kirgener, le suivirent au grand trot et serrés les uns contre les autres. Dans ce moment, l'ennemi tire trois coups de canon, et l'un des boulets vient frapper un arbre près de l'Empereur et ricoche aussitôt. Parvenu sur le plateau qui domine le ravin, Napoléon se retourne pour demander sa lunette et ne revoit plus que le duc de Vicence qui l'a suivi. Le duc Charles de Plaisance arrive bientôt après, et dit un mot à l'oreille du grand écuyer. L'Empereur demande ce que c'est :

— Sire, dit ce dernier, le grand maréchal vient d'être tué !

— Duroc ! s'écria l'Empereur ; bah ! ce n'est pas possible ; il était à côté de moi tout à l'heure.

Cependant le page de service arrive avec la lunette ; il est pâle comme un mort et confirme la triste nouvelle : il a vu le boulet qui a frappé l'arbre ricocher d'abord sur le général Kirgener et ensuite sur le duc de Frioul.

— Kirgener a été tué raide ; mais le grand maréchal n'est pas encore mort, et la lunette de Votre Majesté, ajouta-t-il avec un sourire forcé, l'a échappé belle.

Pendant ce temps, les docteurs Larrey et Yvan étaient accourus; leurs efforts devaient être impuissants; le boulet avait déchiré les entrailles.

Toute l'armée prit la plus vive part au chagrin qui absorba Napoléon. Les vieux grenadiers disaient, en fixant les yeux sur lui :

— Pauvre homme !... c'était un intime !...

La nouvelle qui lui fut apportée le lendemain matin que son grand maréchal avait cessé de souffrir, plus encore que les tortueuses manœuvres de l'armée ennemie, vint faire diversion à sa douleur. Ce fut quelque temps après cet événement que l'Empereur dit à un de ses généraux que c'était à Bautzen qu'il avait perdu le plus bêtement du monde les trois hommes qu'il aimait le plus et qu'il estimait davantage : Bruyère, Bessières et Duroc. En effet, tous trois furent tués le même jour par trois canonnades insignifiantes.

La bataille de Leipsig se donna quelques jours après; elle fut suivie de la défection de ses alliés; Napoléon, obligé de quitter l'Allemagne avec la même précipitation qu'il avait fui de la Russie, n'arriva à Mayence que grâce au dévouement de sa garde qui se fit hacher pour couvrir sa retraite.

La régente écrivait souvent à l'Empereur ; elle ne lui cachait pas les dispositions de Paris et des provinces, qui désiraient la paix et qui la demandaient à grands cris.

On venait de recevoir à la cour la nouvelle de quelques légers succès, qui rallumaient une faible lueur d'espérance, quand on vit deux mauvaises voitures arriver à Saint-Cloud. On reconnut l'Empereur : son retour imprévu fit juger aussitôt qu'il venait annoncer de nouveaux désastres. L'Impératrice était alors chez son fils ; on fut la prévenir ; elle courut au-devant de son mari, qui venait de monter les dernières marches du palais. Elle se précipita dans ses bras en versant un torrent de larmes. Napoléon, ému et attendri, la serra sur son cœur avec un redoublement de tendresse ; leur fils, amené par sa gouvernante, vint mettre le dernier trait à un tableau de famille qui intéressa vivement le petit nombre de spectateurs qui en étaient témoins.

L'Impératrice, informée de la conduite de l'Autriche, craignait le retour de l'Empereur presque autant qu'elle le désirait. Elle le trouva calme, résigné, ne désespérant pas encore de sa fortune, calculant les moyens qui lui restaient, et n'annonçant pas la moindre disposition à rendre son épouse responsable de la mauvaise foi de son père.

Il ne s'agissait alors ni d'aller porter la guerre dans des contrées éloignées, ni de faire des conquêtes, ni de détruire d'anciennes monarchies ou d'en fonder de nouvelles; mais d'empêcher l'étranger de pénétrer dans le cœur de la France, de maintenir l'intégrité de son territoire, enfin de rassurer la couronne impériale, chancelante sur le front de Napoléon. Il fallait pour cela créer une seconde fois une armée nouvelle, se procurer des armes, des munitions, des chevaux, des vivres, de l'argent, mais surtout des hommes. Les mesures qu'on adopta étaient équivalentes à l'ancienne convocation du ban et de l'arrière-ban. Dès qu'on parla de nouvelles levées, le mécontentement fut porté au comble. Il n'éclata pas en sédition, mais il s'exhala en murmures; les ordres du gouvernement ne furent exécutés que partiellement et avec lenteur. La Chambre des représentants fut convoquée. Les députés y apportèrent les vœux et les sentiments de leurs commettants, universellement déclarés pour la paix. Les revers de Napoléon avaient rendu quelque courage aux amis de la liberté. Le Sénat persista dans le système de basse flatterie qui l'avait avili aux yeux de toute l'Europe; mais le Corps législatif montra plus d'énergie, en osant faire entendre la vérité [1]. De là la réponse improvisée que l'Empereur fit à sa députation, le 1ᵉʳ janvier suivant [2].

Le 23 du même mois, c'était un dimanche, les officiers de la garde nationale de Paris reçurent l'ordre de se rendre aux Tuileries, dans la salle des maréchaux. Ce salon est carré et très vaste; il occupe le premier étage du *Pavillon de l'Horloge*. Les officiers ignoraient les motifs de cette convocation; ils pouvaient bien être au nombre de sept ou huit cents, tous en uniforme. On les fit ranger tout autour de ce salon. A midi, Napoléon, ayant traversé cette salle, comme de coutume, pour

1. Voir à la fin du volume la *pièce justificative* n° 1.
2. *Id.* n° 2.

se rendre à la chapelle, fut salué des cris répétés de *vive l'Empereur!* En revenant, il en fit plusieurs fois le tour, et, après avoir adressé la parole à quelques chefs de légion, il se plaça au centre.

Dix minutes après, Marie-Louise entra, accompagnée de madame de Montesquiou, qui tenait le roi de Rome dans ses bras. Lorsqu'elle se fut approchée de l'Empereur, celui-ci dit d'une voix forte, en s'adressant aux gardes nationaux dont il était entouré :

— Messieurs, une partie du territoire de la France est envahie; je vais me placer à la tête de mon armée, et, avec l'aide de Dieu et la valeur de mes troupes, j'espère repousser l'ennemi au delà des frontières.

Puis, prenant l'Impératrice d'une main et le roi de Rome de l'autre, il ajouta :

— Si l'ennemi approche de la capitale, je confie au courage de la garde nationale l'Impératrice et le roi de Rome... ma femme et mon fils, reprit-il d'une voix émue.

Ce simple discours produisit beaucoup d'effet. Plusieurs officiers sortirent de leurs rangs et baisèrent les mains de l'Empereur; le plus grand nombre versait des larmes. Parmi ces derniers, il en était plusieurs qui déjà n'étaient rien moins que partisans du régime impérial; mais cette scène les avait attendris.

Napoléon, après avoir embrassé sa femme et son fils pour la dernière fois, partit de Paris le 25 janvier 1814, à trois heures du matin, pour se mettre à la tête d'une armée peu nombreuse et formée à la hâte, afin de s'opposer à la nuée de soldats de toutes les contrées de l'Europe, qui entraient par tous les points du nord de la France. Chaque pas qu'ils faisaient augmentait leurs prétentions, et cependant l'Empereur eut encore l'occasion de faire une paix, sinon glorieuse, au moins honorable. Il tint encore une fois entre les mains un traité auquel il ne manquait que sa signature. Un succès partiel, qu'il obtint malheureusement en cet instant critique, vint paralyser sa main. Il crut voir reparaître sur l'horizon l'étoile qui l'avait guidé si longtemps, et il déclara qu'il ne songerait à la paix que quand il aurait forcé l'ennemi à repasser le Rhin. Ce fut alors que Napoléon exécuta ce mouvement savant qui devait ame-

ner son triomphe, et qui détermina sa perte.
Les ennemis allaient se trouver enfermés dans
un carré formé par toutes nos divisions ; les
paysans, réduits au désespoir par le pillage et
la mort, allaient former autant de troupes
légères qui massacraient les traîneurs et les
fuyards ; un de ses généraux le trahit, en
livrant passage à l'empereur de Russie et à
son armée, et les troupes étrangères arrivaient
sous les murs de la capitale, quand Napoléon
les attendait avec confiance pour leur couper
toute retraite.

J'ai entendu dire à des généraux distingués
que sa campagne de France était le chef-
d'œuvre de la capacité, du savoir et de l'activité ; que la postérité, plus juste que les con-
temporains, la placeront au premier rang des
choses extraordinaires faites par un homme
sans égal, et que, s'il eût été secondé, les ennemis étaient perdus et Paris sauvé de leur
présence.

XIV

Incertitude de Marie-Louise. — Clarke la décide à partir pour Rambouillet. — Physionomie de la capitale aux 29 et 30 mars 1814. — Le roi Joseph à Montmartre. — Héroïsme de trois cents dragons. — L'École polytechnique. — Trahison. — Capitulation de Paris. — Le préfet de Loir-et-Cher. — Arrivée de l'Impératrice et du roi de Rome à Blois. — Bigot de Préameneu et les ministres. — Marie-Louise apprend à Blois l'abdication de Napoléon et son départ pour l'île d'Elbe.

Marie-Louise et son fils étaient alors à Paris, entourés de la garde nationale à qui, comme je l'ai déjà dit, l'Empereur les avait solennellement confiés en partant ; elle se montra digne de cette confiance. L'Impératrice avait eu l'intention de se rendre à l'Hôtel-de-Ville avec le roi de Rome ; mais on la détourna de ce projet. Elle n'était entourée que de conseillers lâches ou perfides, qui se réunissaient tous pour presser son départ; elle résista longtemps : elle avait pour cela un grand exemple dans sa propre famille, celui de Marie-Thérèse. Que risquait-elle en restant? Fille d'un des monarques confédérés contre la France, elle était toujours sûre d'être respectée par les troupes alliées, si elles venaient à entrer dans Paris. En supposant que Napoléon perdît la couronne, n'était-il pas possible qu'elle la conservât à son fils? Au contraire, en quittant Paris, où depuis vingt-cinq ans le sort de la France s'était toujours décidé, elle renonçait à tout espoir, et laissait le champ libre aux partisans de l'ancienne dynastie, qui commençaient à se montrer ouvertement.

Déjà cette confiance que les Français avaient eue dans la toute-puissance de leurs armées s'était considérablement affaiblie en présence des dangers qui croissaient à chaque instant; on témoignait la crainte que les alliés n'arrivassent jusqu'aux barrières de Paris, et beaucoup de personnes emballaient leurs effets les plus précieux pour les envoyer dans les provinces les plus reculées du théâtre de la guerre.

En même temps, un grand nombre d'habitants des villages, des fermes et des maisons de campagne des environs de la capitale, venaient avec une partie plus ou moins considérable de leur mobilier chercher un asile dans Paris. Il en résultait que les faubourgs, ainsi que les routes qui y aboutissaient, étaient encombrés d'individus de tout sexe et de tout âge, de charrettes chargées de meubles, et de bestiaux de toute espèce. L'Impératrice n'avait pas un moment à perdre, si elle voulait encore trouver une route libre pour s'échapper d'une capitale dont le sort était encore indécis.

Enfin ce fut le duc de Feltre qui parvint à la décider au départ, en tirant, en plein conseil, une lettre de l'Empereur, qui lui mandait de faire partir l'Impératrice et son fils, si Paris était menacé, ajoutant : « J'aimerais mieux les savoir tous deux au fond de la Seine, qu'entre les mains des étrangers. » Le départ fut donc résolu dans la nuit du 28 au 29 mars, et le 29, à onze heures du matin, toute la cour partit pour Rambouillet, abandonnant la capitale à elle-même, toutefois après y avoir fait afficher une proclamation adressée aux Parisiens, avec une lettre du roi Joseph, qui lui servait en quelque sorte d'avant-propos, mais aussi sans avoir pris aucune mesure de précaution, pas même celle si naturelle de transférer dans une autre ville le Sénat et le Corps législatif.

Je ne puis m'empêcher de consigner ici une anecdote que bien des gens trouveront sans doute puérile, mais qui ne laisse pas d'être remarquable. Au moment de monter en voiture, le jeune Napoléon, qui était accoutumé à faire de fréquents voyages à Saint-Cloud, à Compiègne, à Fontainebleau, etc., etc., ne voulait pas quitter sa chambre; il poussait des cris, se roulait par terre, disait qu'il voulait rester à Paris, et qu'il ne voulait pas aller à Rambouillet; sa gouvernante avait beau lui promettre de nouveaux joujoux, dès qu'elle le voulait prendre par la main pour l'entraîner, il recommençait à se rouler et à se débattre, en criant encore plus fort qu'il ne voulait pas quitter Paris : il fallut employer la force pour le porter dans une voiture.

J'étais restée à Paris pour aider M. Ballouhey à rassembler beaucoup d'objets appartenant à l'Impératrice, que la précipitation du départ n'avait pas permis d'emporter. Je me trouvais aux Tuileries le 1er avril (veille de l'entrée des alliés), lorsque nous vîmes arriver un officier général (c'était le prince de Wurtemberg) qui nous demanda où était l'Impératrice ; en apprenant qu'elle avait quitté Paris, il en témoigna un vif mécontentement : il nous ajouta qu'il était chargé de lui donner une garde et de la commander. Que pouvait-elle craindre? nous dit-il ; fille de l'empereur d'Autriche, elle était assurée de tous nos respects.

La générale avait été battue pendant une partie de la nuit du 29 au 30 mars ; toute la garde nationale était sur pied, je ne dirai pas sous les armes, car une grande portion des hommes qui la composaient n'avaient que des piques. Les chefs en firent demander au duc de Feltre, qui répondit qu'il n'en avait pas à sa disposition. Cependant, quand les troupes alliées furent entrées dans la capitale, elles en trouvèrent encore des magasins considérables.

Dès sept heures du matin, le bruit du canon se fit entendre de toutes parts.

L'armée française, qui avait quitté ses positions de Bondy, la veille, pour se replier sur Paris, s'était arrêtée sur les hauteurs de Montmartre et de Belleville, qu'occupait déjà l'armée d'observation, commandée par le maréchal de Raguse. D'après les dispositions d'attaque faites par le conseil général des alliés, le général prussien Blücher devait attaquer Montmartre, tandis que le corps russe, commandé par le général Barclay de Tolly, devait se porter contre Belleville. Mais il fut impossible à Blücher, averti trop tard, de pouvoir s'y trouver assez tôt pour agir de concert, et déjà, le 30, à sept heures du matin, on se battait avec un acharnement sans exemple entre Pantin et Romainville, que la position de Montmartre n'avait point encore été menacée.

Pendant que le carnage se poursuivait sur les collines du Nord et de l'Est, Joseph Bonaparte était à Montmartre, avec son état-major. L'aspect du danger semblait avoir donné une énergie momentanée à son âme qui n'en eut jamais beaucoup. Animé par l'exemple des braves guerriers dont il était entouré, il montrait une confiance qui honorait singulièrement la valeur française; car il fallait avoir une haute idée de la bravoure de l'armée pour, à ce moment où les troupes ennemies inondaient la plaine de Saint-Denis, conserver le noble espoir de pouvoir encore défendre Paris assiégé. C'est pendant qu'il était occupé à donner des ordres et à faire de nouvelles dispositions, que le colonel Peyre, envoyé par lui en observation, revint lui rendre réponse de sa mission. Fait prisonnier par les Russes, cet officier supérieur avait été conduit à l'empereur Alexandre, et avait pu reconnaître l'immense étendue des forces de l'ennemi. Relâché par son ordre, il arriva auprès du roi Joseph, lui fit le détail de tout ce qu'il avait vu, et lui annonça que toute résistance serait désormais inutile. C'est alors que Joseph, perdant tout son courage, s'écria douloureusement :

Puisqu'il en est ainsi, il ne reste plus qu'à parlementer!

— Mais les braves qui l'environnaient, et que l'idée de céder faisait frémir, ranimèrent cette âme abattue, et, presque malgré lui, il continua de donner les ordres du combat.

Jusqu'alors, ce prince était resté ferme à son poste; mais lorsqu'il vit enfin que tout espoir de salut était à jamais perdu pour lui, pour son frère et pour sa famille, prévenu par le duc de Raguse que ses troupes, harassées par un combat meurtrier, allaient être écrasées par le nombre des assaillants, et qu'alors il serait impossible de préserver Paris d'une occupation de vive force, le lieutenant général de Napoléon sentit que l'instant de sa chute était arrivé. Déterminé à se mettre à l'abri de tout événement par la suite, il envoya au duc de Raguse le colonel Peyre, avec l'autorisation de demander une suspension d'armes, et même une capitulation, s'il le jugeait absolument nécessaire. Ses dispositions étant faites, Joseph abandonna Montmartre, rentra dans Paris, et, deux heures après, il prit la route de Blois pour tâcher de rejoindre l'Impératrice et le roi de Rome qui l'avaient prise la veille.

En abandonnant Montmartre, ce prince n'y laissa que trois cents dragons, commandés par un chef d'escadron, pour défendre ce poste important. Vingt mille hommes de l'armée de Silésie, infanterie et cavalerie, s'avancèrent alors fièrement contre cette poignée de braves qu'animaient également et l'amour de la patrie et celui de la gloire; bien loin de chercher à fuir, ils s'obstinèrent à vouloir défendre le poste confié à leur courage. Fermes auprès des pièces qui les avaient protégés, et forts seulement de leur courage, ils chargèrent l'ennemi avec leur impétuosité accoutumée, et, chose inconcevable si des Français n'avaient point été là, ils eurent la gloire de repousser trois fois cette masse effrayante d'assaillants. Trois cents Français résistèrent donc avec quelque avantage à vingt mille étrangers! Cependant, à chaque minute, les rangs de ces nouveaux Spartiates s'éclaircissaient, et bientôt, comme ceux des Thermopyles, ils allaient tous périr, victimes de leur généreux dévouement, quand leur commandant, s'apercevant qu'ils allaient être tournés par la plaine de Neuilly, fit sonner la retraite, en laissant l'ennemi stupéfait d'une audace qui, durant cette journée mémorable, s'était montrée la même dans tous les rangs de notre armée.

L'artillerie avait été servie, sur les buttes Saint-Chaumont, par les élèves de l'École polytechnique, jeunes gens de dix-sept à vingt ans, qui se battirent comme de vieux soldats.

Ils manquaient de boulets, quand il leur arriva un caisson. Ils l'ouvrent avec empressement, et, en ne voyant que du pain :

— Ce n'est pas du pain qu'il nous faut, s'écrièrent-ils, ce sont des boulets !

On leur en envoya ; mais, soit par trahison, soit par suite de la confusion qui régnait, les boulets étaient d'un calibre à ne pouvoir servir.

Pendant ce temps, la capitale, abandonnée à elle-même, avait organisé un gouvernement provisoire et capitulé avec les troupes alliées qui y entrèrent le lendemain. Napoléon fut presque témoin de cette entrée, car il arriva le même jour, avec un de ses aides de camp, pour reconnaître la situation des ennemis. Il était à cinq lieues lorsqu'il apprit la capitulation. Il perdit alors tout espoir, et retourna à Fontainebleau, complètement découragé, comme on le verra dans le chapitre suivant que j'ai intitulé : *Napoléon à Fontainebleau*. Cependant il y avait encore trente mille hommes de cette garde impériale autrefois si célèbre. Ils demandèrent à grands cris qu'il les conduisît sur Paris, jurant de vaincre ou de s'ensevelir sous ses ruines. L'Empereur n'y consentit point, bien qu'il ait fait tout au monde pour tromper ses habitants et leur dissimuler, jusqu'au dernier moment, le véritable état des choses et leur propre situation, du moins si l'on veut s'en rapporter à un bulletin longtemps fait d'avance et qui devait être imprimé dans le *Moniteur* du 31 mars. On m'a communiqué l'original de cette pièce manuscrite; je l'ai crue assez curieuse pour pouvoir en donner ici la copie. Quand même, Napoléon avait trop fait, en faveur de la ville de Paris, pour vouloir la détruire. Son refus déplut aux soldats, et refroidit leur enthousiasme. La trahison d'un de ses généraux, les reproches de plusieurs autres, les vérités qu'on se permettait alors de lui faire entendre, durent lui apprendre que des flatteurs ne sont pas des amis; enfin on le pressa d'abdiquer, et il en prit le parti.

L'Impératrice ne fit que passer à Rambouillet en se rendant à Blois avec le conseil de régence et une partie de la cour.

Le 30, elle alla coucher à Chartres, le 31 à Châteaudun et le 1ᵉʳ avril à Vendôme, où elle était arrivée à trois heures de l'après-midi. On avait récemment commencé la route de Vendôme à Blois et elle n'était pas entièrement terminée. La plupart des voitures, celles surtout qui se trouvaient le plus chargées, s'embourbèrent dans la fange; il fallut, pour les en retirer, appliquer la force de tous les chevaux sur quelques-unes d'elles, et, quand on les en eut fait sortir, faire avancer de la même manière celles restées en arrière. Ce fut ainsi que s'opéra la fuite de cette cour impériale naguère si brillante. On jouissait à Blois de la plus grande sécurité, les troupes alliées ne s'étant pas encore avancées de ce côté; et M. le baron Cristiani de Ravazan, préfet du département de Loir-et-Cher, qui déjà avait été averti de l'arrivée prochaine de Marie-Louise et de son fils, s'était rendu sur la limite de son département pour *complimenter* l'Impératrice, lorsqu'il reçut un courrier de la cour qui l'obligea de revenir en toute hâte à Blois et de déménager de l'hôtel de la préfecture, afin d'y faire tout disposer pour la réception de l'Impératrice.

Les principaux habitants et fonctionnaires,

surtout les voisins de la préfecture, reçurent l'invitation de préparer les logements pour Madame Mère, pour les rois Joseph, Louis, Jérôme, pour l'archichancelier Cambacérès, pour les ministres et chefs d'administration, enfin, pour 1800 hommes de troupes.

Le 2 avril, dès le matin, les premiers détachements de cavalerie arrivèrent à Blois et y furent bientôt suivis de beaucoup de bagages et notamment de quinze fourgons contenant le trésor de la cour impériale.

Le nombre de ces voitures était si considérable que le seul train de l'Impératrice se montait à deux cents chevaux. Ainsi réunis, et tous couverts de la boue amassée pendant le voyage, ces équipages offraient un aspect singulier. Ce fut la pluie qui les nettoya; car, dans la situation des choses, les domestiques n'avaient point jugé à propos de s'occuper de ce soin. Les superbes voitures de cortège, même celle qui avait servi au mariage de l'Empereur, n'avaient pas été mieux traitées. Les courriers se succédèrent d'heure en heure. Dans l'après-midi, M. Cristiani de Ravazan partit pour aller au-devant de l'Impératrice, à une lieue de la ville. La garde nationale et le peu de garnison qui était resté se mirent sous les armes; enfin, sur les six heures, la voiture où étaient l'Impératrice et son fils parut; elle était suivie d'un grand nombre d'autres voitures dans lesquelles étaient les personnes de sa suite et toutes celles qui l'avaient accompagnée. Leurs Majestés Impériales firent leur entrée dans Blois au milieu d'une foule immense et d'un silence qui ne fut jamais interrompu.

Les ministres, qui avaient poussé jusqu'à Tours, se hâtèrent d'arriver. Plusieurs étaient restés à Orléans; d'autres s'étaient enfuis jusqu'en Bretagne. De ce nombre étaient M. le comte Bigot de Préameneu, ministre des cultes, dont j'avais déjà parlé, et M. le baron de Pomereul, directeur général de la librairie. Ils avaient sans doute regardé l'exercice de leurs fonctions paisibles comme peu compatible avec le tumulte des armes, et le secours de leurs conseils comme surabondant.

On laissa ignorer à Marie-Louise, les premiers jours de son arrivée, tout ce qui s'était passé à Paris. Les arrêtés du gouvernement provisoire, les décrets du Sénat lui étaient inconnus; on éloigna d'elle tous les journaux; jamais on ne lui parla des Bourbons : elle ne prévoyait donc encore d'autre malheur que la nécessité où serait Napoléon de faire la paix à telles conditions qu'on voudrait lui imposer; elle était loin de croire, d'ailleurs, que l'empereur d'Autriche, que son propre père, voulût détrôner son gendre et priver son petit-fils d'une couronne qui semblait devoir lui appartenir un jour. Ce ne fut que le 7 avril, au matin, que la vérité lui fut connue. Madame D..., restée à Paris, devait aller rejoindre l'Impératrice; on vint la trouver le 4 avril, on lui parla de pièces importantes à apporter à Marie-Louise, pièces qu'il était essentiel de lui faire parvenir de suite. Cette dame se procura un passeport, obtint du général Sacken un ordre pour obtenir une escorte en cas de besoin, partit de Paris le 6, et arriva le 7 à Blois; elle remit à Sa Majesté non seulement les papiers qui lui avaient été confiés, mais les arrêtés du gouvernement provisoire et tous les journaux.

L'Impératrice avait été tenue dans une telle ignorance de tous les événements, qu'à peine en croyait-elle ce qu'elle lisait. Les dépêches apportées l'étaient par le petit nombre de gens restés fidèles ; on la pressait, on la suppliait de rentrer à Paris avant l'arrivée d'un prince de la maison de Bourbon ; on lui assurait la régence pour elle et le trône pour son fils, si elle prenait ce parti ; chose d'autant plus facile que la dame chargée de ces dépêches était venue seule dans une chaise de poste, n'ayant qu'un seul domestique, et sans avoir une seule fois eu besoin de faire usage de son passeport.

Marie-Louise promit de partir ; elle paraissait décidée à le faire dès le soir même, lorsque le docteur Corvisart et madame de Montebello furent d'un avis contraire. La lâcheté des membres du conseil de régence vint appuyer leur avis. On trompa de nouveau cette malheureuse princesse, et elle perdit l'occasion de ressaisir ce que la fuite lui avait fait perdre. Quelques jours après, elle apprit en même temps et l'abdication de Napoléon, et son départ pour l'île d'Elbe, dont on lui laissait la souveraineté.

XV

NAPOLÉON A FONTAINEBLEAU

L'Empereur part de Troyes. — Arrivée à la *fontaine de Juvisy*. — Le général Belliard. — Le duc de Vicence. — Arrivée à Fontainebleau. — Les maréchaux Ney et Macdonald. — Abdication de Napoléon. — MM. Déjean et de Montesquiou. — Isabey. — Les commissaires alliés. — La cour du *Cheval Blanc*. — Paroles de Napoléon. — Son départ de Fontainebleau.

Le 29 mars 1814, à dix heures du matin, Napoléon avait quitté Troyes, à cheval. Il était accompagné du général Bertrand, son grand maréchal, du duc de Vicence, son grand écuyer, de M. de Saint-Aignan, de deux aides de camp et de deux officiers d'ordonnance.

Le 30, à deux heures avant le jour, l'Empereur se mit en route de Villeneuve sur Vannes ; depuis son départ de Troyes, il était à jeun. Les dix premières lieues avaient été franchies avec les mêmes chevaux en moins de deux heures ; il n'avait point encore annoncé où il allait, lorsqu'à une heure après midi, il arriva à Sens. Après s'y être reposé un quart d'heure (il avait pris pendant ce temps la valeur d'une demi-tasse de café à l'eau sans sucre), il quitta ces messieurs, qui cependant reçurent l'ordre de le suivre ; monta dans une mauvaise calèche, accompagné seulement de Bertrand, et continua sa route vers la capitale. Jamais impatience ne parut égale à la sienne ; il ne faisait que répéter : « Cela sera trop tard... Je n'arriverai pas, etc., etc. » Il relaya à Fromenteau et arriva à minuit et demi à la *Cour de France :* il n'était plus qu'à cinq lieues de Paris ; il avait brûlé le pavé.

A peine Napoléon était-il descendu de voiture et s'était-il assis auprès de la *fontaine de Juvisy,* en attendant que l'on apprêtât les chevaux, qu'il vit tout à coup défiler devant lui un convoi d'artillerie, avec la tête de la première colonne des troupes qui évacuaient a capitale après l'affaire qui y avait eu lieu dans la matinée. Là il acquiert la triste certitude qu'il est, en effet, arrivé vingt-quatre heures trop tard. Paris vient de se rendre à l'ennemi ; les alliés doivent y entrer le lendemain 31, à la pointe du jour.

Le général Belliard, qui accompagnait cette colonne, annonce à l'Empereur quelle a été l'issue des événements de la journée, et bientôt les plus affligeants détails le mettent au courant de cette grande catastrophe.

Napoléon se promena sur la route environ vingt minutes sans adresser un seul mot aux généraux de toutes armes qui se succédaient et se pressaient autour de lui, et envoya aussitôt M. de Caulaincourt au quartier général des souverains alliés; puis, entrant dans la maison de poste, il se fit apporter un verre d'eau qu'il but d'un seul trait, et une carte sur laquelle il parut fixer longtemps les yeux.

A quatre heures du matin arriva un piqueur du duc de Vicence; il annonce que tout est consommé, que la capitulation a été signée à deux heures après minuit, et que Paris est pour le moment sous la protection de la garde nationale.

Napoléon fit aussitôt rebrousser chemin à sa voiture pour se rendre à Fontainebleau; il y arrive, s'enferme dans son cabinet et ne veut voir personne.

Le 4 avril, l'Empereur, ayant abdiqué en faveur de son fils, désigna, pour se rendre auprès des alliés et leur faire connaître sa résolution, les maréchaux Ney, Macdonald et Marmont... Ce dernier se dispensa de suivre ses collègues chez les souverains. La démarche faite au nom de Napoléon fut sans succès; le rappel de la maison de Bourbon avait été décidé. Sans entrer ici dans le détail des négociations qui furent entamées entre Napoléon et l'empereur Alexandre, je me contenterai de dire que les maréchaux Ney, Macdonald, accompagnés du duc de Vicence, arrivèrent de Paris le 6 avril, entre minuit et une heure du matin. Le maréchal Ney dit à l'Empereur qu'on exigeait de lui une abdication pure et simple, sans autre condition que sa sûreté personnelle qu'on lui garantissait. Napoléon refusa quelque temps d'y consentir; à la fin il demanda où on voulait qu'il se retirât.

— Sire, à l'île d'Elbe, répondit Ney, avec une pension de deux millions par an.

— Deux millions par an, dit Napoléon, c'est trop pour moi; puisque je ne suis plus qu'un soldat, un louis par jour m'est bien suffisant.

Enfin l'acte d'abdication[1] fut signé à Fontainebleau, le 11 du même mois.

Pendant son séjour à Fontainebleau, et après son abdication, l'Empereur se tint constamment dans la bibliothèque, lisant ou causant avec le duc de Bassano. Plusieurs fois il se montra en public, comme à l'ordinaire, pour passer ses grenadiers en revue. Sur les derniers temps, on lui présenta un plus grand nombre de pétitions que de coutume, et, au lieu de les donner à un officier de sa suite, comme il le faisait presque toujours, il les mit lui-même dans la poche de côté de sa redingote, pour les lire dans son cabinet. Souvent il entrait dans la galerie parallèle à la bibliothèque, et parlait familièrement avec les officiers qui s'y trouvaient, sur les événements du

---

1. Voir à la fin du volume la *pièce justificative*, n° 3.

jour, et sur ce que les papiers publics disaient de lui.

Un jour il arriva avec un journal à la main[1], et d'un air indigné il s'écria :

— Ils disent que je suis un lâche !

En général, il s'exprimait sur les événements politiques avec le même sang-froid que s'il n'y eût pas eu d'intérêt particulier. Louis XVIII était souvent le sujet de ses discours.

— Les Français, disait-il, l'aimeront pendant les six premiers mois; ils se refroidiront pendant les six autres; et, l'année suivante, adieu !... oh ! je les connais !

En lisant un récit du traitement rigoureux qu'avait souffert le pape, il dit encore :

— C'est vrai, le pape a été maltraité; plus maltraité que je ne le voulais.

En causant, un matin, avec le général Sébastiani, il observa que ce n'étaient ni les Russes ni les autres puissances qui l'avaient vaincu, mais les idées libérales, parce qu'il les avait trop opprimées en Allemagne.

Une autre fois, l'Empereur fit venir le duc

1. C'était la *Gazette de France,* du lundi 4 avril 1814, n° 94.

de Bassano, et, dans le cours de la conversation qui eut lieu entre eux, on remarqua ces mots :

— On vous reproche, monsieur le duc, de m'avoir constamment empêché de faire la paix : qu'en dites-vous?

— Sire, lui répondit ce dernier, Votre Majesté sait très bien qu'elle ne m'a jamais consulté et qu'elle a toujours agi d'après sa propre volonté, sans prendre conseil des personnes qui l'entouraient ; je ne me suis donc pas trouvé dans le cas de lui en donner, mais seulement d'obéir à ses ordres.

— Eh! je le sais bien, reprit l'Empereur, ce que je vous en dis, c'est pour vous faire connaître l'opinion qu'on a de vous.

Cependant, depuis quelques jours, Napoléon semblait occupé d'un secret dessein. Son esprit ne s'animait qu'en parcourant les galeries funèbres de l'histoire; le sujet de ses conversations les plus intimes était sans cesse la mort volontaire que les hommes de l'antiquité n'hésitaient pas à se donner dans une situation pareille à la sienne ; on l'écoutait avec inquiétude discuter de sang-froid son opinion à ce sujet. Une circonstance vint encore ajouter aux craintes que de tels discours étaient bien ails pour inspirer. L'Impératrice avait quitté Blois; elle voulait se réunir à son époux, et déjà elle était arrivée à Orléans : on l'attendait d'un moment à l'autre à Fontainebleau ; mais on apprit, non sans étonnement, et de la bouche même de l'Empereur, que des ordres avaient été donnés autour d'elle pour l'empêcher de suivre son dessein.

Dans la nuit du 12 au 13, vers une heure du matin, le silence des longs corridors du palais de Fontainebleau est tout à coup troublé par des allées et venues fréquentes. Les personnes de service au château montent et descendent; les bougies s'allument dans l'intérieur des appartements; tout le monde est debout; on vient frapper à la porte du docteur Yvan; on va réveiller le grand maréchal et appeler le duc de Vicence; on court chercher le duc de Bassano qui demeurait à la Chancellerie. Tous arrivent presque en même temps et sont introduits dans la chambre à coucher de l'Empereur. En vain l'étonnement, la stupeur, la curiosité même prête une oreille inquiète et attentive, elle ne peut entendre que de sourds gémissements, des sanglots qui s'échappent de l'antichambre en se prolongeant vers la galerie voisine. Tout à coup le docteur Yvan sort de l'appartement intérieur : ses traits sont altérés ; il descend précipitamment le grand escalier, paraît errer un instant dans la cour, trouve un cheval attaché à une grille, se jette dessus et s'éloigne au grand galop.

L'obscurité la plus profonde a toujours couvert de ses voiles les mystères de cette nuit[1].

Isabey avait fait un portrait à l'aquarelle de l'impératrice Marie-Louise et de son fils qu'elle présenta elle-même à l'Empereur le 1er juin de l'an 1814. Ce portrait se trouvait

---

1. A l'époque de la retraite de Moscou, Napoléon s'était procuré, en cas d'accident, le moyen de ne pas tomber vivant dans les mains de ses ennemis. Il s'était fait remettre, par son chirurgien Yvan, un sachet qu'il porta à son cou tout le temps que dura le danger (les uns disent que c'était de l'opium, les autres voulurent que ce fût une préparation indiquée par le célèbre Cabanis, la même dont le député Condorcet s'était servi pour se donner la mort); quoi qu'il en soit, Napoléon avait conservé ce sachet dans un des secrets du nécessaire de voyage qu'il emportait toujours avec lui en campagne. Cette nuit, le moment de recourir à cette funeste ressource lui avait paru être arrivé. Un de ses valets de chambre, qui couchait derrière sa porte entr'ouverte, l'avait entendu se lever, l'avait vu délayer quelque chose dans une tasse à café, le boire et se recoucher. Bientôt des douleurs d'estomac et d'entrailles avaient

alors dans ses mains. Ayant appris de M. de Caulaincourt que Napoléon avait témoigné le désir de l'avoir, il s'empressa de partir pour Fontainebleau où il arriva le 12 vers midi. Lorsqu'il fut introduit dans le cabinet de l'Empereur, il y trouva le grand maréchal et le duc de Bassano. En le voyant, Napoléon s'écria :

— Ah! c'est Isabey! quelles nouvelles?

Isabey lui répondit qu'il était venu pour le remercier de toutes les bontés qu'il avait eues pour lui; et qu'ayant su, par le duc de Vicence, qu'il désirait avoir le portrait de l'Impératrice, il le lui apportait. Napoléon,

---

arraché à Napoléon l'aveu de sa fin prochaine. C'était alors qu'il avait pris sur lui de faire appeler ses confidents les plus intimes. Yvan n'avait point été oublié; mais, apprenant ce qui venait de se passer, en entendant Napoléon se plaindre de ce que l'action du poison n'était pas assez prompte, il avait perdu la tête et s'était enfui précipitammen de Fontainebleau. On ajoute qu'un long assoupissement était survenu; qu'après une transpiration abondante, les douleurs avaient cessé, et que les symptômes effrayants avaient fini par disparaître, soit que la dose se fût trouvée insuffisante, soit que le temps eût amorti le venin. On dit enfin que Napoléon, étonné de vivre, avait réfléchi quelques instants en s'écriant après : « Dieu ne le veut pas! » et, s'abandonnant à la Providence qui venait de lui sauver la vie, il s'était résigné à de nouvelles destinées.

(*Note communiquée.*)

en le recevant, lui serra la main plusieurs fois de suite sans lui dire un mot.

Comme cet artiste portait l'uniforme de lieutenant de grenadier dans la garde nationale, l'empereur lui dit :

— Isabey, est-ce que vous êtes aussi dans la garde nationale?

Il lui répondit que, quoiqu'il eût un fils dans l'armée, qui s'était battu dans les plaines de la Champagne et dont il ignorait le sort [1], il avait cependant voulu revenir lui-même dans Paris. Napoléon ajouta :

— Bien, Isabey ! très bien! Je vous reconnais là ; et ce dernier se retira.

Les généraux de division comte Déjean, fils de l'ex-ministre de la guerre, et M. de Montesquiou, fils du grand-chambellan, furent tous deux envoyés à Paris par Napoléon, deux ou trois jours avant son départ pour l'île d'Elbe. Le comte Déjean pouvait si peu se rendre maître de lui et cacher le profond chagrin qu'il ressentait de l'état où se trouvaient les choses, qu'à table, absorbé dans ses réflexions

1. Il apprit le lendemain même qu'il était mort au champ d'honneur, c'est-à-dire à Arcis-sur-Aube.

lorsqu'on lui adressait la parole, il paraissait sortir comme d'une longue rêverie, puis, se frappant le front, il ne faisait entendre que ces mots :

— Est-il possible!... Qui aurait pu le croire! etc., etc.

Quant à M. de Montesquiou, il répondait toujours avec une grande justesse et une aménité extrême.

Le 16, les commissaires qui, conformément au désir de Napoléon, devaient l'accompagner jusqu'au point d'embarquement, arrivèrent à Fontainebleau[1]. Ils se présentèrent chez l'Empereur qui les reçut tous séparément. Il dit principalement au colonel Campbell qu'il avait cordialement haï les Anglais pendant quinze ans, mais *qu'il était enfin convaincu qu'il y avait plus de générosité dans leur gouvernement que dans celui des autres.* . . . .
. . . .

Le départ de l'Empereur devait avoir lieu le 20, à huit heures du matin, et les voitures étaient attelées. La garde impériale était en

---

1. Voir à la fin du volume la *pièce justificative*, n° 4.

ligne dans la grande cour appelée le *Cheval-Blanc*, et une foule immense, composée de toute la population de Fontainebleau et des villages voisins, se pressait autour du château. Cependant, à huit heures du matin, les commissaires, ayant été introduits près de lui, le trouvèrent encore non habillé et sa barbe n'étant pas faite. A onze heures, le général Bertrand ayant fait observer respectueusement à Napoléon que tout était disposé pour son départ, l'Empereur lui répondit d'un ton d'humeur :

— Eh! depuis quand, monsieur le maréchal, dois-je régler mes actions sur votre montre?... Je partirai quand il me plaira, et peut-être.. pas du tout !

Vers midi, l'Empereur s'entretenait dans son cabinet avec MM. de Flahaut et Ornano, lorsque Bertrand annonça aux commissaires qui attendaient dans l'antichambre : *Sa Majesté l'Empereur!*

Chacun se rangea de chaque côté et en silence, selon l'étiquette ordinaire, qui fut observée jusqu'au dernier moment. La porte s'était ouverte, Napoléon avait paru; il traversa rapidement la galerie et descendit le grand escalier. Dès qu'il parut dans la cour, les tambours battirent au champ; d'un signe de main imposant, il leur fit faire silence, et prononça un discours avec tant de dignité et de chaleur, que tous ceux qui étaient présents en furent profondément touchés. Ensuite il pressa le général Petit dans ses bras, embrassa l'aigle impériale, et dit, d'une voix entrecoupée :

— Adieu, mes enfants; mes vœux vous accompagneront toujours; conservez mon souvenir !

Puis il donna sa main à baiser aux officiers qui l'entouraient.

Les yeux de Napoléon étaient humides; tous les assistants pleuraient : l'émotion avait gagné jusqu'aux cosaques qui étaient présents, bien qu'ils n'entendissent pas un mot de français. Plusieurs de ses anciens serviteurs, désignés pour le suivre, fondaient en larmes. L'Empereur monta dans une voiture avec le général Bertrand; cette voiture était précédée d'une autre, où était le général Drouot, et suivie des quatre voitures des commissaires; huit autres, avec les armes impériales, se trouvaient derrière : elles étaient remplies par les divers officiers de la maison de l'Empereur.

Dans peu d'instants, toutes ces voitures disparurent; la garde se mit en marche pour sortir du château, et la foule s'écoula en silence.

XVI

LA RÉGENCE A BLOIS

Obstacles apportés à la réunion de Marie-Louise et de Napoléon. — Tentative de Joseph et de Jérôme pour enlever l'Impératrice. — L'hetman Platoff. — Marie-Louise à Orléans. — M. Dudon va reprendre les diamants de la couronne. — Le collier. — La voiture du sacre. — Entrevue de l'empereur d'Autriche et de sa fille. — Ingratitude des valets de Napoléon. — Le mameluck Roustan et le premier valet de chambre Constant. — Les grands dignitaires. — Les passeports. — Le duc de Rovigo. — Marie-Louise à Vienne. — Moyens employés pour la décider à un divorce. — M. le comte de Bausset et madame de Brignolet. — Madame Mère. — Le cardinal Fesch.

Les chefs du parti royaliste à Paris n'étaient pas sans inquiétude sur la détermination que prendrait à Blois Marie-Louise. Non seulement ils craignaient son retour dans la capitale, mais ils ne voulaient même pas qu'elle suivit son mari à l'île d'Elbe, parce qu'ils sentaient que leur réunion pouvait, tôt ou tard, opérer une réconciliation entre lui et l'empereur d'Autriche. Le prince de Schwartzenberg était à leur tête; il était un des plus fermes soutiens du parti de l'impératrice d'Autriche et, par une conséquence toute simple, il détestait Napoléon et n'aimait pas Marie-Louise. Il vivait cependant en bonne intelligence avec madame de Montebello et le peu de personnes qui possédaient la confiance de l'épouse de Napoléon. Il gagna les unes, trompa les autres, et parvint à les faire toutes servir à l'exécution de ses projets.

Dès qu'on vit l'Impératrice hésiter sur ce qu'elle avait à faire, et qu'on l'entendit parler d'aller rejoindre Napoléon à Fontainebleau, on fit partir de Blois M. de Champagny pour en porter avis au prince de Schwartzenberg qui était alors dans les environs de Troyes. Celui-ci envoya sur-le-champ à Blois l'hetman des cosaques, qui arriva à Blois au moment du départ pour Orléans. Les troupes dont il était accompagné firent l'arrière-garde ; ils pillèrent un fourgon renfermant des chapeaux et des bonnets : ils eussent probablement pillé tous les équipages si leur chef ne fût survenu et ne leur eût fait tout restituer.

Lorsque les frères de l'Empereur, Joseph et Jérôme, apprirent l'abdication de Napoléon, ils firent les plus vives instances auprès de Marie-Louise pour la décider à se rendre à Tours avec eux et l'armée qui devait passer la Loire. Leurs prières furent vives ; ils insistèrent, mais ce fut sans s'écarter du respect qu'ils devaient à leur belle-sœur. J'étais dans la pièce voisine. L'Impératrice, décidée à se rendre à Orléans, refusa de les suivre, ils la quittèrent et sortirent de Blois. Ce que raconte M. de Bausset dans ses mémoires est une fable.

Pendant ce temps, les perfides conseillers de cette malheureuse princesse employaient toute leur adresse pour la dissuader d'aller rejoindre son mari. On lui représentait, d'une part, que le climat de l'île d'Elbe serait funeste à sa santé ; de l'autre, que Napoléon, précipité du trône en partie par les armes de son beau-père, et réduit à une petite souveraineté, ne la verrait plus des mêmes yeux que par le passé, et qu'elle aurait à supporter sans cesse ses brusqueries et ses reproches : on ajouta que, pour l'intérêt de son fils, elle devait se réunir à un père qui l'avait toujours aimée; qu'il lui assurerait certainement une principauté préférable à celle de l'île d'Elbe; que peut-être même lui ferait-elle prendre quelque solution favorable à Napoléon. Une seule de ses dames osa lui dire que son devoir et son honneur exigeaient qu'elle suivît son mari dans l'exil.

— Vous êtes la seule qui me teniez ce langage, lui dit l'Impératrice : tous mes amis, et notamment M. de C..., me conseillent le contraire.

— Madame, reprit celle qui lui donnait cet avis, c'est que je suis peut-être la seule qui ne trahisse pas Votre Majesté[1].

Elle ne fut pas crue, et Marie-Louise préféra suivre les avis de ceux dont elle aurait dû d'au-

---

1. Lorsqu'elle eut vu son père à Rambouillet, elle dit à madame D... qu'elle avait un vif regret de ne pas avoir suivi son avis.

tant plus se méfier, qu'ils commençaient à laisser percer leurs véritables sentiments.

— Qu'il me tarde que tout cela finisse! disait madame de Montebello en déjeunant avec elle, le jour même où l'on comptait partir pour Orléans, que je voudrais être avec mes enfants, tranquille dans ma petite maison, rue d'Enfer!

— Ce que vous me dites là, duchesse, est bien dur, répondit l'Impératrice les larmes aux yeux; et elle ne lui fit pas d'autre reproche.

La dame d'honneur avait déjà formellement déclaré que, quoi qu'il arrivât, elle n'irait pas à l'île d'Elbe : il est assez vraisemblable que, si elle entra dans le complot formé pour séparer Marie-Louise de Napoléon, ce fut pour ne pas se trouver dans la nécessité de se déshonorer en refusant de la suivre, ou de sacrifier son inclination en l'accompagnant. Elle la conduisit pourtant jusqu'à Vienne.

A son arrivée à Orléans, l'Impératrice y trouva plusieurs régiments très exaspérés, qui faisaient entendre, le jour et surtout la nuit, les cris de *vive l'Empereur!* Les commissaires du gouvernement arrivèrent à la municipalité, apportant des ordres du nouveau gouvernement et la cocarde blanche. Mais les habitants, quoique très royalistes, n'osèrent pas l'arborer, tant ils craignaient d'augmenter l'irritation de la troupe.

On proposa à l'Impératrice de profiter des sentiments de dévouement de la garnison qui l'entourait pour aller rejoindre son mari ; elle objecta les dangers de la route ; on l'assura qu'il n'y en avait aucun, et cela était vrai ; mais M. de M... et madame D... étaient seuls de leur avis contre les personnes que l'Impératrice affectionnait le plus. Un autre moyen fut encore proposé par eux, il fut également rejeté ; en vain employèrent-ils les sollicitations les plus respectueuses, Marie-Louise voulait bien rejoindre Napoléon, mais, combattue par tant d'avis différents dont elle ne pouvait reconnaître au juste la sincérité, elle eut le malheur de suivre les conseils de ceux qui voulaient la remettre dans les mains de son père et la séparer de Napoléon : ils y réussirent.

Ce fut pendant le court séjour qu'elle fit à Orléans, qu'en exécution des articles de l'abdication de l'Empereur, M. Dudon vint, en qualité de commissaire du gouvernement provisoire, redemander les diamants de la couronne, le trésor, l'argenterie, etc., etc.

Toutes les fois qu'on partait pour un voyage de représentation, on remettait aux dames de l'intérieur les diamants et les parures dont l'Impératrice avait besoin ; celle qui les recevait en donnait un reçu qu'on lui rendait lorsqu'elle remettait les diamants. Cela fut exécuté au moment du départ; le reçu fut donné à M. de la Bouillerie qui envoya M. Dudon reprendre à Orléans tous les objets précieux *appartenant à la couronne.*

Une contestation s'éleva alors entre M. Dudon et la dame chargée des diamants pendant le voyage. Ce dernier réclamait un *esclavage* de perles que l'Impératrice avait au cou dans le moment. Ce collier, composé d'un seul rang, avait coûté 500,000 livres et avait été donné à l'Impératrice par l'Empereur, peu de temps après ses couches; il avait toujours fait partie de son écrin particulier; jamais M. de la Bouillerie ne l'avait réclamé : il le fut par M. Dudon.

Une dame de l'intérieur alla soumettre la

discussion à l'Impératrice, alors dans son salon, au milieu de beaucoup de monde. Au premier mot qu'elle entendit, elle ôta le collier, et, le donnant à la dame :

— Remettez-le, dit-elle, et ne faites aucune observation.

Lorsque Bonaparte fut nommé premier consul, il ne restait des diamants de la couronne que le *Régent,* alors en gage à Berlin pour quatre millions. Il le retira et acquit ou obtint par ses victoires tous ceux qui en font partie aujourd'hui et qui ont une grande valeur. D'après les ordres de l'Empereur, nous les remîmes au commissaire du gouvernement provisoire qui, au nom de M. de la Bouillerie, les vint réclamer. Il reçut aussi les magnifiques services de table, celui du sacre, en vermeil, qui était un chef-d'œuvre de travail, et une immense quantité d'argenterie, le tout chargé sur vingt et un fourgons; le vingt-deuxième contenait trente-deux petits barils renfermant chacun un million en or. Ce fourgon, placé à l'évêché, dans la cour du secrétariat, fut vu de tous les gardes nationaux qui remplissaient la première cour au moment où, au nom de l'Empereur, on fit à M. Dudon, commissaire du gouvernement, la remise des trente-deux petits tonneaux. Ces vingt-deux fourgons prirent la route de Paris, où je me rendis le lendemain. Je les trouvai à Étampes, où je pus les compter de nouveau. Lorsque le fourgon chargé d'or arriva aux Tuileries, M. le comte d'Artois, qui s'y trouvait avec sa suite, ordonna qu'on montât quatre des barils. Il les fit ouvrir et dit à tous ceux qui étaient présents :

— Prenez, Messieurs, nous avons souffert ensemble, nous devons partager le bien-être.

Chacun prit ce qu'il put emporter et les tonneaux furent bientôt vides. Je tiens cette anecdote d'un officier de la garde nationale de service dans les appartements, et qui a été témoin de la distribution.

J'ai dû m'étendre aussi sur la remise du trésor dont moi et plusieurs personnes ont été témoins à Orléans, pour réfuter une assertion mensongère contenue dans les journaux du temps qui affirmaient que les princes Jérôme et Joseph avaient pillé le trésor. J'ai rendu compte des faits. On prétend qu'il n'est rien rentré des valeurs à la trésorerie ; d'autres qu'il y est rentré vingt millions. J'ignore entièrement la vérité à cet égard.

Le 3 avril, jour des Rameaux, il y eut messe au palais. Elle fut dite par M. Gallais, curé de l'église Saint-Louis; car ni aumônier, ni chapelain, ni clercs de la chapelle impériale ne se trouvaient parmi les personnes de la suite de l'Impératrice.

Après la messe, il y eut conseil des ministres. A cinq heures, Sa Majesté reçut les autorités de la ville, sans discours de leur part, à cause des circonstances. Marie-Louise, suivie de son fils, passa au milieu de ces autorités, en adressant quelques mots à chacune d'elles, en commençant par le clergé : innovation remarquable et honorable pour la piété de cette princesse. La tristesse la plus morne était peinte sur son visage. Elle dîna seule, et ne reçut personne après.

Le lendemain, sur les trois heures de l'après-midi, les rois Joseph et Jérôme, accompagnés du ministre de la guerre, partirent de Blois et prirent la route d'Orléans.

J'ai ouï dire que le but de leur voyage était de s'assurer s'il ne convenait pas d'établir la régence dans cette ville, afin de rendre les communications avec l'Empereur plus faciles. Mais, arrivés à Orléans, les deux rois reçurent, à trois heures du matin, des dépêches de Fontainebleau, où le mécontentement de Napoléon contre la régence éclatait en termes dictés par le dernier emportement de la fureur. L'Empereur attribuait sans doute la capitulation de Paris à la fuite de Joseph, qu'il avait nommé lieutenant général de l'empire, et à qui il avait intimé l'ordre de rester à son poste. Là seulement ils eurent connaissance de *l'ordre du jour* de Napoléon daté du 4 avril 1814[1]. Le fait est que les deux frères étaient de retour à Blois le lendemain matin.

C'est le mercredi 6 qu'arrivèrent à Blois les élèves de l'École polytechnique, de l'École Saint-Cyr, de celle de Châlons, avec les pages et la plus grande partie de la maison civile de l'Empereur. Les voitures devenues inutiles furent dirigées sur Tours; celle du sacre fut envoyée à Chambord.

La ville de Blois était pleine; il n'y avait pas

---

1. Voir à la fin du volume la *pièce justificative*, n° 5.

un seul habitant qui n'eût partagé sa maison, sa chambre, ou même son lit avec tant de nouveaux hôtes. Blois offrait alors un tableau vivant de l'instabilité des choses humaines.

Pendant le séjour que l'Impératrice fit tant à Blois qu'à Orléans, une correspondance journalière s'était établie entre elle et Napoléon, qui l'attendait tous les jours; elle lui écrivit alors qu'elle avait le dessein d'avoir une entrevue avec son père et d'implorer son appui pour lui. Ce projet n'ayant pas obtenu son approbation, elle lui fit écrire que sa santé exigerait qu'elle prît les eaux, et lui demanda son agrément pour en faire le voyage. Napoléon, prévoyant qu'on voulait le séparer de son épouse, fit partir sur-le-champ un nombreux détachement de sa garde qu'il suivit de près; mais on fut averti de son départ et on pressa celui de l'Impératrice. En arrivant à Étampes, il apprit que Marie-Louise avait déjà passé par cette ville, se rendant à Rambouillet, où elle passa plusieurs jours à attendre son père; elle y reçut la visite de l'empereur de Russie qui voulait voir le *petit roi* (ce fut ainsi qu'il le demanda). Le roi de Prusse vint ensuite et voulut également voir le *petit roi;* enfin l'empereur d'Autriche arriva : l'entrevue fut tendre : il pleura avec sa fille, embrassa son petit-fils ; cependant l'un et l'autre n'en furent pas moins sacrifiés.

Napoléon, arrivé trop tard à Étampes, où l'Impératrice était passée une heure auparavant, ne pouvait penser à la suivre, puisque tout le pays était occupé par les troupes alliées ; il retourna à Fontainebleau, ne doutant pas du cœur de son épouse et convaincu qu'elle avait été forcée de s'éloigner ; ne connaissant pas les intrigues dont on l'avait environnée, il avait peine à croire à l'ingratitude de la plupart de ceux qu'il avait comblés de bienfaits, et dont plusieurs n'attendirent même pas son départ pour lever le masque et se montrer tels qu'ils étaient.

Ses maréchaux, ses généraux ne cessaient de lui rappeler les avis qu'ils lui avaient donnés en telle ou telle occasion, et prétendaient que, s'il les eût suivis, les affaires eussent tourné tout différemment ; enfin c'était le *Lion malade* de la Fable, que tous les animaux viennent insulter tour à tour, et le coup de pied de l'âne ne lui fut pas épargné.

Un misérable Mameluck, qu'il avait ramené d'Égypte et attaché à son service particulier, à qui il avait déjà assuré 4000 à 5000 livres de rente, exigea qu'il lui fît payer 40 000 francs pour le suivre; et, après les avoir reçus, il partit pour Paris et ne revint plus.

Constant, son premier valet de chambre, exigea également une somme de 40 000 francs pour l'accompagner à l'île d'Elbe, et, après l'avoir touchée, il disparut de Fontainebleau la veille même du départ.

De toutes les personnes attachées au service particulier de Napoléon, MM. Hubert et Pellard, que l'Empereur n'avait pas désignés pour le suivre, tous deux jeunes, ayant reçu une très bonne éducation, attachés à leur pays par une femme et des enfants, s'empressèrent de remplacer les fugitifs sans souiller leur dévouement par des vues mercenaires; ils ne revinrent en France qu'après avoir mis M. Marchand, dont le dévouement est si connu, en état de les remplacer. M. Colin, maître d'hôtel, donna à son maître la même preuve d'attachement; il ne quitta l'île d'Elbe que lorsque l'état de sa santé le força de revenir en France.

En partant de Paris, les hauts fonctionnaires de la cour impériale, ainsi que les grands dignitaires de la couronne, n'avaient eu ni le temps, ni sans doute la pensée de se munir de passeports; leur titre leur semblait une sauvegarde suffisante pour leur personne Mais, autant cette sauvegarde avait été sûre pour le départ de la capitale, autant elle devenait inutile et même dangereuse pour le départ de Blois. Il fallait alors traverser un long cordon de troupes alliées, et la qualification de ministre ou de favori de Napoléon, loin d'être un titre de recommandation, devenait au contraire un motif de persécution.

On délibéra sur ce nouvel incident, et il fut résolu que, pour se tirer d'embarras, on demanderait des passeports à M. le maire de Blois, et qu'on prierait M. de Schowaloff d'y mettre son *visa*.

La première de ces demandes ne souffrit d'autre difficulté que celle qui était attachée à son exécution, peu agréable de sa nature à cause des signalements de toutes les Excellences qu'il fallait faire, mais dont le chef de bureau de la mairie, M. Bruère, s'acquitta avec tout le tact et tous les égards que prescrivait la position singulière où se trouvaient tous ces grands personnages.

Ce digne fonctionnaire eût souhaité de l'adoucir, et ce ne fut pas sans partager leurs sentiments qu'il exprima les traits des rois, princes, ministres, conseillers d'État et autres individus qui éprouvèrent son zèle sans l'épuiser, malgré le nombre de passeports qu'il expédia, puisque leur nombre s'éleva à quatre cents[1].

Ce n'était là que la première de deux opérations. La seconde regardait M. le comte de Schowaloff.

Il y avait en effet peu d'heures que ce général autrichien était arrivé du quartier général des souverains alliés, quand il vit entrer chez lui les différents membres du gouvernement, qui lui présentaient leurs passeports à viser. Bientôt la chambre de l'auberge *de la Galère*, où il était logé, se trouva trop petite pour contenir le nombre des solliciteurs. Tout le monde

---

1. Ces quatre cents passeports délivrés produisirent une recette de 800 francs, seul revenu que la ville de Blois retira du séjour accidentel du gouvernement impérial.
(*Note communiquée*).

voulait être expédié, et chacun voulait l'être le premier. Ceux qui avaient pu se procurer des lettres de recommandation arrivaient avec ces lettres, qu'ils présentaient au général. Celui-ci répondait, en les recevant, qu'il était plein de considération pour les personnes dont on se réclamait, mais que, rien ne pouvant suppléer au peu d'instants qu'il avait, il priait chacun d'attendre ou de revenir. Il eut cependant, pour les divers fonctionnaires, des égards gradués qui firent juger qu'il connaissait la conduite de chacun d'eux. On remarqua qu'il se prêtait à tout ce qui pouvait convenir au duc de Feltre, et qu'il ne signa le passeport du duc de Rovigo qu'après avoir écrit en marge : *M. Savary.*

Tandis que Napoléon et la plupart des membres de sa famille et de son gouvernement quittaient la France (cette France que l'Empereur avait rendue si grande et si puissante), Marie-Louise la quittait dans une autre direction. En partant de Rambouillet[1], elle fut obligée

1. En partant de Rambouillet, elle était accompagnée de son fils, de madame de Montesquiou, gouvernante du jeune prince, et suivie de madame Soufflot, remplissant les

12.

de s'arrêter à Gros-Bois, où elle resta deux jours malade. Elle retourna à Vienne en se rendant dans le Midi et en passant par le Tyrol, où elle fut forcée de recevoir des fêtes auxquelles son cœur prenait peu de part; mais tels étaient les ordres de François II. Enfin elle arriva à Vienne; mais elle avait emmené une suite nombreuse et brillante, qui déplaisait à sa belle-mère et qui excitait encore sa jalousie. On la relégua à Schœnbrun, où elle recevait assez souvent les visites de ses sœurs, mais très rarement celles de son père et de l'impératrice[1].

Marie-Louise, de retour à Vienne, y trouva sa grand'mère Caroline, ex-reine de Naples,

---

fonctions de sous-gouvernante, et de madame Marchand, première berceuse et mère de M. Marchand, dont le dévouement pour l'Empereur est si connu. Elle fut rejointe à Gros-Bois par la duchesse de Montebello et M. Corvisart qui l'accompagnèrent à Vienne.

1. Ce fut à cette époque que Madame, duchesse d'Angoulême, écrivait à l'impératrice d'Autriche que, si Marie-Louise avait laissé à Paris quelques personnes auxquelles elle prît intérêt, elle se chargerait de la remplacer et de les protéger. Cette offre généreuse fut communiquée par l'impératrice à sa belle-fille, qui l'accepta et remit à sa belle-mère une liste composée de quatre individus : une femme et trois hommes. J'ignore ce que Son Altesse Royale a fait en faveur de ces derniers, mais je sais qu'assez heureuse pour avoir été la femme recommandée aux bontés de cette auguste princesse, j'ai obtenu une pension pour les anciens services

qui la blâma sévèrement d'avoir abandonné son mari. Sa petite-fille s'excusa sur les difficultés qu'on avait opposées à une réunion :

— Ma fille, lui dit cette princesse, on saute par la fenêtre. Que dira de vous le monde ? il vous jugera sévèrement.

Marie-Louise, avec un caractère faible et sans confiance en elle-même, ne pouvait convenir aux circonstances malheureuses où elle s'est trouvée. On l'environna à Vienne et à Parme de personnes dévouées à l'impératrice et à M. de Metternich.

La haine que le cabinet autrichien portait à Napoléon n'était pas satisfaite : on voulut le frapper dans ce qu'il avait de plus cher ; tous les

---

de mon mari, et une bourse pour mon fils au collège de Henry IV ; ce sont de ces bienfaits dont je conserverai le souvenir toute ma vie. Tout le monde sait que madame la Dauphine était tante, à la mode de Bretagne, de Marie-Louise. La reine Marie-Antoinette était sœur de Caroline, reine de Naples ; madame d'Orléans, l'impératrice d'Autriche, mère de Marie-Louise, et le prince, père de Madame, duchesse de Berry, étaient tous trois les enfants de la reine Caroline et par conséquent tous trois les cousins de Madame, duchesse d'Angoulême. L'impératrice Marie-Louise, la duchesse de Berry et les enfants de madame la duchesse d'Orléans, sont tous neveux et nièces de madame la Dauphine, à la mode de la Bretagne, et M. le duc de Bordeaux, ainsi que le fils de Marie-Louise, le feu duc de Reichstadt, étaient ses petits-neveux de la même manière.

moyens parurent bons pour le rendre malheureux. L'on représenta à Marie-Louise la nécessité d'un divorce dont les circonstances lui faisaient une loi, et l'on chargea, pour l'y décider, les personnes en qui elle avait le plus de confiance d'employer toute leur influence pour l'obtenir.

C'étaient M. le comte de Bausset, qui était à la tête de sa maison, et madame de Brignolet, qui était devenue dame d'honneur après le départ de madame de Montebello; celle-ci ne resta que deux jours à Vienne, et en repartit avec Corvisart; madame de Brignolet employa tous les moyens de persuasion, pendant plusieurs mois, pour décider l'Impératrice à ce sacrifice : elle ne put y parvenir.

Étant tombée malade quelque temps après, elle lui fit, à sa dernière heure, l'aveu des torts qu'elle avait eus, en lui demandant le pardon, qu'elle obtint facilement; elle fit la même demande à madame de Montesquiou, à qui elle avait rendu toute sorte de mauvais offices, tant auprès de Marie-Louise qu'auprès de l'impératrice d'Autriche. Au surplus, tous les efforts furent inutiles, l'épouse de Napoléon déclara courageusement qu'elle voulait conserver ce titre, et que jamais elle ne donnerait son consentement à aucune démarche tendante à un divorce.

Tel était l'état des choses en Autriche, lorsque Napoléon quitta l'île d'Elbe.

Le 12 avril, Madame Mère était partie de Blois avec le cardinal Fesch, son frère, qui y était arrivé la veille seulement, par des chemins longs et après bien des détours.

Lors des premières alarmes qu'on avait eues à Lyon dès le 12 du mois de janvier, Son Éminence se trouva fort embarrassée à cause des affections qu'elle ressentait pour sa famille et pour sa patrie : la voix du sang, plus forte, l'emporta dans le cœur du cardinal. Il quitta son siège et suivit les autorités civiles à Roanne, peu satisfait de l'esprit des Lyonnais qui, disait-il, « avaient eu l'ineptie de ne pas se défendre ».

De Roanne, le cardinal se rendit à Pradines, dans une maison de religieuses, qu'il avait fondée. Bientôt il se vit contraint d'abandonner ce lieu de retraite, après avoir manqué d'y être rencontré par un détachement de cavalerie des alliés que le hasard y avait amené, et qui ne lui laissa que le temps de monter sur un cheval et de se sauver à la hâte.

On visita son appartement comme objet de curiosité, mais sans porter la moindre atteinte au droit de propriété. Ses écuries furent également visitées, mais non également respectées; les cavaliers y trouvèrent de beaux chevaux de remonte, dont ils crurent pouvoir disposer en l'absence du maître.

De Pradines, Son Éminence gagna l'Auvergne, puis le bas Languedoc, et enfin les bords de la Loire, où elle se rendit à travers les montagnes du Vivarais; elle arriva à Blois au moment même où il fallait en partir.

Le cardinal se reposa à Orléans le jour de Pâques, et partit le lendemain pour Rome, emmenant Madame Mère.

Les rois Jérôme et Joseph se perdaient dans la foule. Louis était resté à Blois où on lui témoignait de l'intérêt; il trouvait aussi dans la religion une source de consolations plus solides; le jour des Rameaux et le Vendredi saint, il avait assisté aux offices de la paroisse Saint-Louis, en habit de général de division.

Il partit bientôt pour la Suisse, où il comptait se fixer dans une terre qu'il possédait aux environs de Lausanne et y vivre en simple particulier. Quant à Jérôme et Joseph, ils passèrent huit jours à Orléans et dans les environs, et en partirent le 18, prenant tous deux également le chemin de la Suisse. On m'a assuré que Jérôme était resté plusieurs jours de suite à Lamotte-Beuvron où il avait distribué de l'argent aux troupes qui passaient, afin de les rallier à la cause de son frère Napoléon.

XVII

Les journaux de Paris. — Conversation de Napoléon. — Petite revue historique et géographique. — M. et madame Guizot. — Le curé de Salvagny. — Arrivée à Lyon. — Augereau. — Avignon. — Souper à Saint-Canat. — Le sous-préfet de Saint-Maximin. — La princesse Pauline. — Arrivée à Fréjus. — Plaintes de l'Empereur. — Personnel de sa maison. — Embarquement. — Les généraux Drouot et Bertrand. — Départ pour l'île d'Elbe.

En quittant Fontainebleau, Napoléon fut accueilli partout aux cris de *vive l'Empereur!* et les commissaires étrangers eurent beaucoup à souffrir des injures que le peuple leur adressa tout le long de la route.

Le lendemain, la plupart des journaux de la capitale essayèrent, par d'ignobles facéties, d'affaiblir l'effet produit par la grande scène qui avait précédé son départ; mais, amis ou

ennemis, tout ce qui n'était pas dépourvu de
générosité en fut ému. Témoins de cette scène,
et saisis d'un mouvement involontaire d'enthousiasme, les commissaires étrangers avaient
agité leurs chapeaux en l'air [1]; et lorsqu'elle
en eut entendu le récit, madame de Staël elle-
même en tressaillit. Il est un fait irrécusable,
c'est que les soldats qui étaient présents pleuraient à chaudes larmes pendant que Napoléon
parlait : quelques officiers brisèrent leurs épées
en rentrant dans la ville.

Plusieurs idées remarquables échappèrent
dans la conversation de l'Empereur pendant ce
triste voyage : je ne citerai que celles que j'ai
recueillies de témoins auriculaires, parce que
ce sont les seules qui soient dignes d'attention.

Il avait su qu'on lui avait fait un grand
reproche de ne s'être pas donné la mort :

— Je ne vois rien de grand, disait-il, à finir
sa vie comme quelqu'un qui s'est déshonoré
ou qui a perdu toute sa fortune au jeu, il y a

---

1. On peut s'en rapporter, pour les détails de cette scène,
à la gravure faite d'après le tableau de M. Horace Vernet
(*Les adieux de Fontainebleau*). La fidélité des portraits et
l'exactitude des poses ont fait de cette composition un véritable monument historique.

bien plus de courage à survivre à un grand malheur non mérité. Je n'ai jamais craint la mort : je l'ai prouvé dans plus d'un combat, et encore dernièrement à Arcis-sur-Aube[1]. Je n'ai aucun reproche à me faire : je n'ai pas été un usurpateur, comme on s'*acharne à le dire partout*, je n'ai accepté la couronne que d'après le vœu unanime de la nation. Quant aux guerres que j'ai faites, c'est différent; j'ai cru devoir les faire, parce que la France demandait à être agrandie.

Il dit ensuite au général Koller :

— Eh bien ! général, vous avez entendu hier mon discours à ma vieille garde; vous avez vu l'effet qu'il a produit. Voilà comme il faut parler et agir avec elle; et, si Louis XVIII ne suit pas cet exemple, il ne fera jamais rien du soldat français.

Ces paroles l'amenèrent à faire l'éloge de l'empereur Alexandre sur la manière aussi

---

1. Avant de quitter Arcis et après le combat, Napoléon envoya 2000 francs de sa cassette aux sœurs de la Charité, pour que, dans ce désastre, elles aient de quoi pourvoir aux premiers besoins des blessés et des malheureux. M. le comte de Turenne fut chargé de cet honorable message.

amicale que généreuse dont il avait traité Louis XVIII et la plupart des membres de sa famille, lorsqu'il vint lui demander un asile en Russie.

— C'est un procédé, ajouta-t-il, que j'aurais vainement attendu de mon beau-père, et cependant j'y avais quelques droits, il me semble.

Il retint ce jour-là le colonel Campbell à dîner, et lui parla beaucoup de la dernière campagne.

— Sans cet animal de général L..., dit-il, qui m'a fait croire que c'était Schwartzemberg qui me poursuivait à Saint-Dizier, tandis que ce n'était que Wintzingerode, et sans cet autre bête de D..., qui fut cause, après, que je courus à Troyes, où je comptais écraser quatre mille Autrichiens, et où je ne trouvai pas un chat, j'eusse marché sur Paris; j'y serais arrivé en même temps que les alliés, et je ne serais pas où j'en suis.

Puis, après une pause assez longue :

— Mais j'ai toujours été mal entouré, et puis ces flagorneurs de préfets, ce M..., ce T..., qui m'assuraient que les levées en masse se faisaient avec le plus grand succès, enfin ce traître de M..., qui a achevé la chose... Mais il y a encore d'autres maréchaux tout aussi mal intentionnés, entre autres S..., que j'ai au reste toujours connu, lui et sa femme, pour des intrigants : c'est elle qui était toujours cause des brouilleries que j'avais avec cette pauvre Joséphine.

Et il parla encore longtemps de la mauvaise conduite du Sénat envers lui.

M. et madame Guizot, qui revenaient du Midi, le virent à Tarare pendant qu'il relayait. Il parla aux personnes réunies autour de sa voiture en souverain, et leur demanda entre autres choses s'ils avaient beaucoup souffert de la dernière guerre. Ces individus lui répondirent par le cri unanime de *vive l'Empereur!*

A Salvagny, la dernière poste avant d'arriver à Lyon, il s'arrêta pour souper. Ayant fini, Napoléon quitta ses commissaires et se promena seul sur la route. Ayant rencontré le curé, il l'accosta et lui demanda si les habitants de sa commune paraissaient contents du changement de gouvernement; puis, en lui montrant le ciel, qui était étoilé, il ajouta que jadis il connaissait les noms de toutes les constellations; mais que, les ayant oubliés depuis, il le priait de lui dire comment on en appelait une qu'il lui désigna avec la main, et qui semblait avoir plus d'éclat que les autres. Le bon curé lui ayant répondu qu'il n'en savait rien, l'Empereur le salua en souriant et revint à l'auberge.

L'Empereur passa à Lyon le 23, à onze heures du soir; quelques groupes assemblés en peu d'instants autour de sa voiture firent entendre le cri de *vive Napoléon!* auquel il ne répondit rien. Le lendemain, vers midi, il rencontra le maréchal Augereau, près de Valence; Napoléon et le maréchal descendirent de voiture en même temps; l'Empereur tendit les bras à Augereau, et tous deux s'embrassèrent.

— Où vas-tu comme ça? lui demanda-t-il en lui prenant le bras familièrement, tu vas à la cour?

Augereau lui répondit qu'il n'allait qu'à Lyon, et ils marchèrent environ un quart d'heure ensemble en suivant la route de Valence. Je sais de bonne source le résultat de cet entretien. Napoléon, d'un ton affectueux, fit au maréchal des reproches sur sa conduite envers lui, et lui dit en finissant :

— Ta proclamation est bien bête ; pourquoi des injures contre moi ? toi, mon vieux compagnon ! il fallait simplement dire : le vœu de la nation s'étant prononcé en faveur du nouveau souverain, le devoir de l'armée est de s'y conformer ; *vive le Roi*[1] *!*

Augereau se mit à son tour à lui faire quelques vives représentations sur son ambition et son entêtement à ne vouloir jamais écouter les avis de personne, entêtement auquel il avait tout sacrifié, ses compagnons d'armes, sa fortune, même le bonheur de la France. Napoléon, fatigué, se retourna avec brusquerie ; puis, revenant au maréchal, il lui serra la main et lui dit :

— Adieu, Augereau ; je trouve étonnant que ce soit toi qui me fasses ces reproches. Allons, embrasse-moi encore.

Puis il se jeta dans la voiture.

Augereau, les mains derrière le dos, resta quelque temps à la même place, sans même

---

1. Voir à la fin du volume la *pièce justificative* n° 7.

ôter la casquette qu'il avait sur la tête. L'Empereur partit, et, en se retournant, il lui fit de la portière un geste de dernier adieu avec la main. Le maréchal remonta dans sa calèche après avoir adressé un salut aux commissaires.

Un peu avant Avignon, à l'endroit où l'on devait changer de chevaux, il trouva beaucoup de peuple rassemblé qui l'attendait à son passage, et qui l'accueillit aux cris de *Vive le roi! Vivent les alliés! A bas Nicolas! A bas le tyran! A bas le gueux!* etc, etc. Cette multitude, qui vomissait contre lui mille invectives, se cramponnait à sa voiture et cherchait à le voir pour lui adresser encore de plus fortes injures. L'Empereur, en quelque sorte dérobé à leurs regards par Bertrand qui masquait une des portières, ne disait pas un mot.

Arrivé à Saint-Canat, il s'arrêta devant une mauvaise auberge, appelée *la Calade*, située sur la grand'route; il se mit à table avec Bertrand, sans proférer une parole, et, comme il n'était pas connu de l'hôtesse qui les croyait tout simplement de la suite de ceux qui l'accompagnaient, il engagea plus tard la conversation avec elle :

— Eh bien ! lui dit cette dernière, que dit Bonaparte maintenant ; y a-t-il longtemps que vous l'avez quitté ?

— *Non*, répondit l'Empereur.

— Je suis curieuse de voir s'il pourra se sauver, continua-t-elle ; je crains que le peuple ne veuille le massacrer ; mais aussi avouez qu'il l'a bien mérité, ce coquin-là ! Ah çà ! dites-moi donc, on va donc l'embarquer pour son île ?

— Mais je crois que oui.

— On les noiera, n'est-ce pas ?

— Je l'espère bien.

L'hôtesse étant sortie, Napoléon se retourna vers Bertrand, en lui prenant le bras :

— Vous le voyez, mon ami, à quels dangers ne suis-je pas exposé, et vous !...

Bertrand ne répondit que par des larmes qu'il cherchait à cacher de ses deux mains.

A Saint-Maximin, l'Empereur déjeuna avec les commissaires qui l'accompagnaient. Comme il entendit dire que le sous-préfet d'Aix était en cet endroit, il le fit appeler et lui parla en ces termes :

— J'arrive plein de confiance au milieu de vous, et je ne trouve ici que des *enragés* qui menacent ma vie. Il paraît que c'est une méchante race que ces Provençaux; ils ont commis toute sorte d'horreurs et de crimes dans la Révolution, et paraissent disposés à recommencer : mais, quand il s'agit de se battre avec courage, alors ce sont des... lâches. Jamais la Provence ne m'a fourni un seul régiment sur lequel je puisse compter. Est-ce que vous ne pouvez contenir cette populace?

Le sous-préfet, ne sachant comment répondre, ou s'il devait s'excuser devant les commissaires étrangers, se contenta de lui dire :

— J'en suis tout confus, Sire.

Napoléon lui demanda ensuite si les droits réunis étaient déjà abolis, et si une levée en masse aurait été difficile à opérer.

— Une levée en masse, Sire! répliqua le sous-préfet. Je n'ai jamais pu réunir la moitié du contingent qu'on devait annuellement fournir pour la conscription.

Alors Napoléon s'emporta de nouveau sur l'esprit politique des Provençaux et congédia le sous-préfet.

Il raconta ensuite qu'il y avait dix-huit ans qu'il avait été envoyé dans cette province avec

13.

plusieurs milliers d'hommes pour délivrer des royalistes qui devaient être pendus pour avoir porté la cocarde blanche.

— Je les sauvai avec beaucoup de peine des mains de ses forcenés; et aujourd'hui, ajouta-t-il, ces hommes recommenceraient les mêmes excès contre celui d'entre eux qui se refuserait à porter la cocarde blanche. Ah! ce sont bien là les Français!

Le lendemain on devait arriver à Fréjus; la voiture d'escorte qui précédait celle où était l'Empereur arriva après le dîner dans la maison de M. Charles, ancien législateur. Sa campagne est située près du lac, et la princesse Pauline Borghèse, sœur de Napoléon, y séjournait depuis quelques mois à cause de sa mauvaise santé. Elle frissonna au récit que lui firent les commissaires des dangers divers que son frère avait courus dans son voyage, et, dès ce moment, elle résolut de l'accompagner à l'île d'Elbe et de ne plus l'abandonner.

Elle eut beaucoup de peine à se persuader des grands événements qui venaient d'avoir lieu; et enfin, lorsqu'il lui fut impossible de se refuser à leur authenticité, elle s'écria :

— En ce cas, mon frère est mort.

On la convainquit que l'Empereur se portait bien, qu'on lui avait assuré un beau traitement et qu'il était en route pour sa nouvelle destination.

— Comment, dit-elle, a-t-il pu résister à tout cela ?

Elle se trouva mal et ne revint à elle que beaucoup plus souffrante qu'elle ne l'était ordinairement; l'entrevue qu'elle eut ce jour même avec son frère augmenta encore son état de mauvaise santé. Elle partit le soir pour Muy, afin de n'avoir que deux lieues à faire le lendemain pour se rendre à Fréjus.

Lorsque l'Empereur arriva dans cette ville, quelques-uns des individus qui avaient fait mine à Fontainebleau de vouloir partager son exil à l'île d'Elbe l'abandonnèrent. Il est probable que ce fut un d'eux qui trouva bon de s'approprier la cassette de son maître d'hôtel, qui avait été chargé des dépenses du voyage et auquel il restait à peu près une soixantaine de mille francs. Ce vol s'était fait dans la nuit du 26 au 27.

On trouva à Fréjus le colonel Campbell, qui

était arrivé de Marseille avec une frégate anglaise *the Undaunted* (l'Indompté). Ce bâtiment était commandé par le capitaine Asher, et était destiné à escorter l'Empereur, pour garantir son vaisseau de toute espèce d'attaque. Selon le traité, Napoléon devait être conduit dans une corvette, et il fut très mécontent de ne trouver que le brick nommé *l'Inconstant*, qui devait recevoir son souverain détrôné et lui rester en toute propriété. Après un moment d'indécision, il préféra la frégate anglaise, ne voulant qu'il fût dit qu'il avait été déporté sous le pavillon français.

Ce jour-là, l'Empereur invita à dîner non seulement tous les commissaires, mais encore le capitaine de vaisseau anglais Asher. Pendant le dîner, il se plaignit au général Koller des injustices de toute sorte dont on l'avait accablé, de ce qu'on ne lui avait laissé qu'un service de table en argent très mesquin, six douzaines de chemises, et qu'on lui avait retenu le reste de son linge et de son argenterie, ainsi qu'une quantité d'objets qu'il avait acquis de son propre argent; surtout de ce qu'on ne voulait pas reconnaître son droit exclusif sur le *Régent*, qu'il avait retiré de Berlin de ses propres fonds, moyennant quatre millions.

Ce diamant avait été, en effet, mis en gage, pour 800,000 écus, chez des juifs de Berlin, par le gouvernement français. Il pria le général de porter sa plainte à son empereur et à celui de Russie, espérant qu'avec l'aide de ces princes, justice lui serait rendue.

Le 28 au matin, Napoléon aurait voulu partir et faire embarquer son équipage ; mais il se trouva incommodé et partit seulement à neuf heures du soir. Le général Schowaloff se rendit à bord de la frégate comme l'Empereur y était déjà : il fut chargé, pour la dernière fois, de présenter ses hommages à l'empereur Alexandre.

Des hussards autrichiens l'avaient accompagné jusqu'au port Saint-Raphau, le même où il avait abordé quatorze ans auparavant à son retour d'Égypte ; il fut reçu avec les honneurs militaires et vingt-quatre coups de canon furent tirés.

Deux heures après, la frégate cingla. Tous les commissaires accompagnèrent l'Empereur jusqu'à l'île d'Elbe; sa suite se composait des généraux Bertrand et Drouot, du major polonais Germanofsky, de deux fourriers du palais, d'un officier payeur (M. Peyruche), d'un médecin (M. Fourrau), de deux secrétaires, d'un maître d'hôtel (M. Colin), d'un seul valet de chambre (M. Hubert), de deux cuisiniers et de six domestiques, cocher, valets de pieds et palefreniers.

L'Empereur était calme ; le général Bertrand ne pouvait cacher son émotion; quant au général Drouot, il montra dans cette triste circonstance le même courage et la même gaieté. On m'a assuré que Napoléon avait voulu lui donner cent mille francs, et qu'il les avait opiniâtrement refusés en lui disant :

— Sire, si j'acceptais votre argent, on attribuerait le sincère dévouement que j'ai pour Votre Majesté à un vil intérêt. Gardez-le quand même, on ne sait ce qui peut arriver.

XVIII

Arrivée de Napoléon à l'île d'Elbe. — Détails sur sa traversée. — Sa réception. — Son logement — Débarquement de sa garde. — Occupations journalières de l'Empereur. — Véritables motifs du retour de Napoléon en France. — L'habitation de l'île d'Elbe.

Le 3 mai 1814, à la pointe du jour, l'équipage de *l'Indompté* aperçut l'île d'Elbe; le général Drouot et le comte de Klamm furent envoyés en parlementaires, le premier en qualité de commissaire de l'Empereur, le second comme étant chargé par le gouvernement français d'inviter le général Dalesmes, gouverneur de l'île, à remettre son commandement au général Drouot, plénipotentiaire de Napoléon.

Les deux députés trouvèrent les Elbois dans une anarchie complète. A Porto-Ferrajo flottait le drapeau blanc; à Porto-Longone, l'étendard tricolore ; le reste de l'île voulait proclamer son indépendance. Lorsque la nouvelle de l'arrivée de Napoléon se répandit, et surtout des trésors qu'il apportait, tous les partis se réunirent pour venir au-devant de leur nouveau souverain.

Le général Drouot reçut du gouverneur les clefs de la ville ; les approvisionnements de bouche, les munitions de guerre, le fort, tout ce qu'il contenait d'artillerie, tout fut remis sans difficulté. Après quoi, le nouveau drapeau impérial fut posé sur les tours de Porto-Ferrajo, et le comte de Klamm retourna à bord pour apprendre à l'Empereur l'issue de sa mission [1].

A midi, Napoléon mit pied à terre [2], et le général Drouot le salua de cent coups de canon qu'il fit tirer des forts. La municipalité et les corps de l'État vinrent le recevoir et le haranguèrent. Napoléon leur répondit :

— La douceur de votre climat, la proximité

---

1. Voir à la fin du volume les *pièces justificatives* n°s 8, 9 et 10.
2. Il est à remarquer que, le même jour, et presque à la même heure, Louis XVIII faisait son entrée solennelle dans la capitale.

de votre île avec la France, m'ont décidé à la choisir pour mon séjour. J'espère que vous saurez apprécier cette préférence et que vous m'aimerez comme des enfants soumis. Vous me trouverez toujours disposé à avoir pour vous toute la sollicitude d'un père et d'un bon souverain.

On conduisit l'Empereur à l'hôtel de ville où il devait provisoirement loger. On avait orné la salle, qui servait ordinairement pour les réunions publiques et les bals, avec quelques tableaux et des candélabres en cristal; une espèce de trône avait été élevé : il était paré dans le même genre que le dais. La musique de la chapelle l'accompagna jusque-là; elle joua des airs nationaux si peu mélodieux que Napoléon demanda bien vite à être conduit dans l'appartement qui lui était destiné. En y entrant, il le trouva si misérablement meublé, qu'il prit des arrangements avec le général Koller sur les moyens de faire venir de Lucques et Piombino le mobilier de sa sœur Élisa. Le général écrivit aux autorités du grand-duc de Toscane, qui envoyèrent aussitôt ce qui leur était demandé sur un petit bâtiment : ce qui donna lieu au faux bruit qui courut dans le temps, que Napoléon s'était emparé d'un vaisseau appartenant à son beau-frère, qu'il l'avait confisqué et déclaré de bonne prise.

Pendant la traversée, le capitaine Asher avait été surpris du grand nombre de connaissances nautiques que possédait Napoléon. Celui-ci admirait beaucoup la discipline sévère maintenue à bord de *l'Indompté*.

— J'ai fait tout ce que j'ai pu, lui dit l'Empereur, pour introduire une discipline semblable dans la marine française, mais sans succès ; les chefs ont toujours plaisanté avec leurs inférieurs, et laissaient les matelots jouer aux cartes ou aux dominos.

Napoléon s'était rendu très agréable à l'équipage par sa franche popularité et les marques fréquentes d'une générosité pécuniaire toujours bien placée. Une fois, tandis que les matelots dînaient, il s'approcha d'eux et goûta des pois secs qu'ils mangeaient ; les ayant trouvés détestables, il donna aussitôt cent francs à la cantine pour leur faire donner du vin, en disant en riant :

— S'ils ne peuvent pas manger à ma santé, du moins ils pourront y boire.

Aussitôt après son arrivée à l'île d'Elbe, l'Empereur visita les fortifications, et assura d'un air de contentement que, moyennant les améliorations qu'il méditait, il pourrait se défendre contre toute espèce de tentative de la part des habitants du continent.

Le général Koller resta dix jours à l'île d'Elbe et gagna de plus en plus la confiance de l'Empereur, qui n'entreprenait rien sans le consulter. Dès les premiers jours du voyage de Fontainebleau, il lui avait dit en plusieurs circonstances :

— Votre Majesté a tort.

Napoléon, peu accoutumé à cette franchise, lui avait répondu avec vivacité :

— Vous me dites sans cesse que j'ai tort, et continuellement que j'ai tort : parlez-vous donc aussi comme cela à votre empereur?

Le général l'assura que son empereur serait très fâché contre lui, s'il supposait qu'il ne lui dît pas toujours franchement sa façon de penser.

— En ce cas, reprit Napoléon radouci, votre

maître est bien mieux servi que je ne l'ai jamais été.

L'Empereur s'occupait sans relâche et avec une activité incroyable. Tantôt il allait visiter les petites îles voisines de l'île d'Elbe : Pianosa, l'une d'elles et la plus remarquable, est embellie par la végétation la plus riche ; des sites tout à fait romantiques et beaucoup de chevaux sauvages animent cette délicieuse contrée. D'autres fois, il parcourait l'île à cheval dans tous les sens. Avec les plans qu'il avait formés, s'il avait eu le temps et la force de les exécuter, ce pays aurait gagné le double de population.

Pour gagner l'affection des Elbois, il leur fit donner, huit jours après son débarquement, soixante mille francs pour faire des routes dont les projets existaient depuis longtemps, mais qui n'avaient pu être effectués faute d'argent.

Dans les premiers jours du mois de juin, l'Empereur avait pris possession d'une maison destinée au commandant du génie ; ce bâtiment, composé alors de deux pavillons réunis par une galerie, est construit sur un rocher qui domine la ville de Porto-Ferrajo ; quelques additions y furent faites sous sa direction immédiate, et cette modeste habitation devint la résidence de celui qui avait tour à tour occupé les palais de tous les potentats de l'Europe, de celui qui laissait dans le sien un mobilier de trente à quarante millions.

Madame Mère et la princesse Pauline vinrent bientôt habiter une partie de la maison de l'Empereur ; il leur céda l'étage qu'il avait fait construire entre les deux pavillons. Indépendamment de cette résidence, Napoléon avait une espèce de *villa* à Rio ; il s'était aussi réservé un simple logement dans la citadelle de Porto-Longone ; mais il passait une partie de la journée dans un kiosque vitré qu'il avait fait élever sur le sommet d'un rocher. De là, son œil embrassait la vaste perspective des mers, et, dans un lointain brumeux, les côtes de la Toscane et les pays voisins. Napoléon seul entrait dans ce pavillon auquel les Elbois donnèrent le nom de *la casa di Socrate*.....

Les quatre cents hommes qui avaient été accordés à l'Empereur pour sa garde, par le traité du 11 avril, étaient partis de Pithiviers deux jours avant son départ de Fontainebleau.

Ils passèrent par Lyon, où les officiers furent invités à un dîner magnifique par plusieurs jeunes gens de cette ville, chez un fameux restaurateur des Brotteaux. Ils traversèrent ensuite le Mont-Cenis, et, au lieu d'aller à Turin, ils se rendirent à Carmagnole et à Savone. A leur arrivée dans ce port, le général Cambronne envoya un *aviso* à l'île d'Elbe, qui y alla en deux jours. Les soldats furent embarqués sur quatre bâtiments anglais, qui tardèrent plusieurs jours à appareiller. Napoléon dit que l'intervalle qui s'était écoulé entre l'arrivée de l'*aviso* et celle des transports avait été l'un des moments les plus pénibles de sa vie. Ce transport arriva le 26 mai.

Les voitures, les chevaux d'attelage et ceux de la cavalerie furent tous débarqués le lendemain 27, sans le moindre accident, par des matelots anglais. Napoléon, qui était sur les lieux, éprouva beaucoup d'étonnement de la manière dont cela s'exécutait :

— Des matelots français, dit-il, auraient mis au moins quatre jours à la même besogne ; toutes les voitures auraient été brisées et la moitié des chevaux estropiés.

Quelques jours après, le capitaine Asher quitta l'île d'Elbe; l'Empereur lui donna, lorsqu'il vint prendre congé de lui, une tabatière en or avec son portrait entouré de vingt gros brillants (chacun estimé 4,500 francs). On m'a assuré que le capitaine Asher avait refusé de cette tabatière 110 000 francs.

L'Empereur menait à l'île d'Elbe une vie très active; toujours levé avant le jour, il consacrait au travail les premières heures de la matinée; venait ensuite la revue; elle ne se bornait pas, comme au Carrousel, à un coup d'œil numératif jeté en courant sur des corps nombreux : c'était une inspection minutieuse dont l'âme toute militaire de Napoléon savourait pour ainsi dire les détails; chaque grenadier était interrogé sur ses occupations, ses habitudes, sa santé et même ses sentiments. Les braves de l'île d'Elbe se plaignaient quelquefois; l'Empereur leur donnait ou leur promettait ce qu'ils demandaient, si l'objet réclamé était en son pouvoir; autrement il les appelait *grognards*, leur tirait la moustache et s'éloignait en souriant.

Dans la soirée, Napoléon faisait une promenade à cheval, accompagné de ses principaux officiers. Quelquefois il recevait les visites des étrangers de distinction qui affluaient dans l'île, rien que pour l'apercevoir. Mais le plus souvent, il s'égayait avec son état-major des injures que lui prodiguaient ceux des journaux français qui l'avaient le plus servilement flatté avant sa chute.

Ainsi s'écoulaient les jours de l'Empereur, tantôt à Porto-Ferrajo, tantôt à Porto-Longone ou à Rio. Sa garde, à l'exemple des guerriers romains, participait à la plupart des travaux qu'il avait entrepris dans l'île ; elle s'augmentait journellement de militaires que le dévouement amenait auprès de sa personne. A peine Napoléon pouvait-il soutenir ce bataillon fidèle; n'importe, il se grossissait... Quelques officiers supérieurs y prirent du service comme simples soldats.

L'abdication de Napoléon avait été le résultat d'un traité dont les puissances alliées avaient garanti les conditions. La France devait, entre autres choses, lui payer chaque année une somme qui avait été déterminée, ce qui ne fut jamais exécuté. Il avait appris à l'île d'Elbe qu'on s'occupait à Vienne d'un projet pour l'éloigner des côtes de France. On dit que M. de Talleyrand avait représenté que ce voisinage serait toujours inquiétant, qu'il donnerait de la hardiesse aux mécontents et qu'il fallait le placer à une distance qui ôtât tout espoir de retour; ajoutez à cette crainte qu'il était sans argent, que le peu qu'il en avait provenait de la vente que Madame Mère avait faite de ses diamants; il avait réclamé l'exécution du traité, sur lequel il ne reçut aucune réponse. Napoléon fit de ce manque de bonne foi un des prétextes de son retour. Le véritable motif fut la nécessité et la certitude qu'il avait de rallier autour de lui, en se montrant, un parti considérable de tout ce qui tenait au militaire, des acquéreurs de biens nationaux, à qui on avait eu la maladresse de faire déjà concevoir des inquiétudes sur la sécurité de leurs acquisitions, et de tous ceux que leurs principes républicains ou révolutionnaires rendaient ennemis des Bourbons. Il ne lui fallait ni fonds, ni troupes, ni armes pour cette entreprise; il n'avait besoin que de sa personne et de sa fortune, qui sembla d'abord vouloir encore le favoriser. Suivi d'environ onze cents hommes qu'il n'avait pu payer jusque-là qu'à l'aide de sa mère, chacun sait qu'il traversa la France comme un roi rentre dans ses États après en avoir fait une absence; qu'il n'eut pas une amorce à brûler, et que, au moment même du départ, il n'y avait que le général Drouot qui eût connaissance de son projet à l'avance; toutes les autres personnes ne l'apprirent qu'au moment où on allait l'exécuter. Napoléon lui-même n'y songeait pas huit jours auparavant; mais l'avis secret qu'il reçut de Vienne, huit jours avant, qu'il était question, au congrès de Vienne, de le transporter à Sainte-Hélène, le détermina à tenter cette hasardeuse entreprise.

Je tiens d'un homme, dont la véracité ne peut être mise en doute, que, aussitôt après le départ de Napoléon de l'île d'Elbe, quelques voyageurs anglais qui s'y trouvaient visitèrent l'habitation qui lui servait de palais. Ils trouvèrent sa chambre à coucher, son cabinet de travail et sa blibliothèque dans le même état où il les avait laissés. Une vieille femme, Corse d'origine, qui en était la concierge, était dans la plus grande inquiétude, non sur elle-même, mais sur la sûreté et le succès de l'entreprise que son maître venait de tenter. Les marques sincères d'attachement qu'elle montrait pour lui, tout ce qu'elle disait, tout ce qu'elle racontait de la bonne humeur qui lui était habituelle, doivent être les meilleures réfutations du portrait hideux que l'on fit quelque temps après de sa conduite privée.

Ces voyageurs trouvèrent, dans un cabinet attenant à la chambre à coucher de Napoléon, une baignoire encore pleine, ce qui prouvait qu'il avait pris un bain, comme à son ordinaire, le matin du jour de son départ, ou tout au moins la veille. Sa bibliothèque était parsemée de morceaux de papiers manuscrits, de lettres toutes déchirées et de notes faites au crayon et par conséquent indéchiffrables. Sur la table était une carte de France sur laquelle des épingles à grosses têtes étaient fixées, et, sur une petite table de nuit placée à la tête de son lit, on voyait encore ouvert un volume de l'histoire de Charles-Quint, qu'il était probablement occupé à lire la veille du jour de son embarquement.

XIX

LES CENT JOURS

Retour de Napoléon en France. — Son arrivée à Paris. — Fouché. — Le champ de Mai. — Ouverture de la campagne de 1815. — Bataille de Ligny. — Waterloo. — Le général Ornano. — Napoléon à l'Élysée. — Lucien. — Les Chambres. — Seconde abdication de l'Empereur. — Complot. — Dernier séjour à la Malmaison. — Projets de Napoléon. — Son départ pour Rochefort. — Exil à Sainte-Hélène. — Joseph. — La princesse Pauline. — La reine Hortense.

Le retour de Napoléon en France était si peu prévu, que ceux qui devaient s'y opposer, pris au dépourvu, n'eurent ni courage ni présence d'esprit; ils abandonnèrent les postes qui leur avaient été confiés et laissèrent le champ libre aux napoléonistes et aux mécontents, qui ne firent que grossir le cortège avec lequel l'Empereur arriva à Paris.

Assis une seconde fois, sans secousse, sans émotion, sur un trône qu'il regardait comme sa propriété, Napoléon commit la faute impardonnable de rappeler près de lui les vils flatteurs dont il devait alors connaître la bassesse; ou plutôt il n'eut pas la peine de les rappeler, ils accoururent tous et tâchèrent, à force d'adulations nouvelles, de lui faire oublier la conduite qu'ils avaient tenue lors de son abdication forcée et de son départ pour l'île d'Elbe.

On crut que Napoléon, pour se concilier ce qu'on appelait alors les *indépendants*, leur ferait de grandes concessions; ils s'en flattaient, parlaient d'un changement d'organisation dans la Chambre des députés, de la suppression de la noblesse héréditaire, etc., etc. Toutes ces idées exaltaient les têtes; on parlait de liberté; on croyait avoir tout cela dans le champ de Mai! Il eut lieu : le discours de l'Empereur et les articles additionnels occasionnèrent une fermentation générale. L'espoir trompé produisit la haine; dès ce moment, les amis sin-

14.

cères du prince durent prévoir qu'il était perdu ; l'opinion publique se prononça avec force ; malgré la police, on parlait, on se plaignait, on criait ouvertement. Les royalistes et les indépendants se réunirent contre lui. Il est à croire que, si Napoléon eût connu l'état des choses, il eût fait des sacrifices pour ramener à lui l'opinion ; mais son entourage le lui cachait ; il paraît que Fouché joua un grand rôle dans cette intrigue. Un fait peu connu, c'est que Savary, ayant appris beaucoup de choses inquiétantes sur la bonne foi de Fouché, voulut en faire part à Napoléon ; celui-ci se moqua de ses révélations, qu'il attribua à la jalousie de voir Fouché à sa place ; Savary était alors dans une espèce de disgrâce. L'Empereur ne voulut point qu'il le suivît à Waterloo, et lui témoigna son peu de confiance. Le duc avait eu le tort de n'avoir pas suivi son maître à l'île d'Elbe, il le devait ; mais cette faute a été payée si cher depuis, que peu de personnes auront le courage de la lui reprocher.

Napoléon désirait vivement la paix, qu'il avait si souvent refusée ; mais il ne put l'obtenir ; tous les souverains le craignaient : ils se réunirent pour rétablir Louis XVIII. Les armées étrangères eurent ordre de revenir vers les frontières de France. Napoléon croyait que son beau-père le soutiendrait ; il ignorait les intrigues qui environnaient Marie-Louise ; il espérait son retour. Des personnes arrivées de Vienne n'avaient osé lui dire la vérité. M. de Menneval, si dévoué et si fidèle, fut le seul qui lui apprit que le cabinet autrichien s'opposerait au retour de l'Impératrice, sans cependant oser lui dire quels étaient les engagements pris par elle. Cette princesse, retenue par sa parole et déplorant la faiblesse qui l'avait empêchée de suivre son mari à l'île d'Elbe, passait les jours et les nuits dans la douleur. L'Empereur, qui l'avait attendue, n'en fit pas moins ses préparatifs de campagne ; mais il s'aperçut, dès qu'il fut arrivé à Charleroi, qu'il n'inspirait plus à l'armée et à ses généraux le même enthousiasme qu'autrefois : ces derniers étaient froids, mécontents, et semblaient marcher malgré eux. Sa garde seule lui prouva jusqu'au dernier jour son dévouement, elle se sacrifia pour lui et l'aida à gagner Paris, où il vint se jeter entre les mains de ses ennemis.

Trahi par la fortune dans les champs de Waterloo, Napoléon se trahit lui-même en abandonnant son armée, dont il pouvait recueillir les débris d'autant plus redoutables que le corps du maréchal Grouchy n'avait pas été entamé.

Cependant, à la réception de la nouvelle que les Français avaient gagné une bataille décisive à Ligny, sous Fleurus, quoiqu'elle fût donnée d'une manière qui n'avait rien d'officiel dans les détails, les Parisiens se livrèrent aux démonstrations de la plus grande joie ; et, le 19 juin, on tira cent et un coups de canon des Invalides, pour annoncer cette glorieuse nouvelle. Pourtant on ne reçut aucun bulletin ce jour-là, circonstance à laquelle on ne fit même pas attention au milieu de la joie générale; mais, lorsqu'on n'en vit pas paraître le lendemain, on se livra à mille conjectures, et l'agitation parut visible dans les lieux des rassemblements publics. Le 21 au matin, on apprit qu'il n'était pas arrivé de nouvelles pendant la nuit; mais, vers onze heures, une dépêche venue de l'Élysée-Bourbon donna lieu à un bruit qui convertit l'alarme générale en joie. On disait que l'impératrice Marie-Louise était de retour. Une de mes amies me dit, en m'apprenant cette nouvelle, qu'elle venait de faire une visite au général Ornano, cousin de Napoléon, et retenu au lit par une blessure qu'il avait reçue en duel; elle lui avait demandé s'il savait de bonnes nouvelles.

— De bonnes nouvelles!... lui avait-il répondu.

— Oui; on dit que l'Impératrice est de retour.

— L'Impératrice! avait-il repris en secouant la tête et lui montrant un petit billet qu'il venait de recevoir, vous voulez dire l'Empereur?... *car tout est fini.*

Et, une heure après avoir quitté le général, la nouvelle du retour de l'Empereur était répandue dans toute la capitale [1].

Napoléon, en arrivant dans la capitale, vint descendre chez son frère Lucien avant d'entrer

---

1. La nouvelle authentique de la fatale bataille arriva à Paris environ deux heures avant le retour de Napoléon, et, dès son arrivée, il y eut une assemblée chez M. de C... On délibéra sur les moyens de forcer Napoléon à abdiquer, lorsqu'au milieu des débats, quelqu'un entra dans la salle et annonça que l'Empereur était de retour; en un instant,

au palais de l'Élysée. Ce dernier fut ébranlé un moment par le récit de la catastrophe; mais, reprenant bientôt son ancienne énergie, il voulut lutter contre l'événement, désapprouva son frère d'avoir abandonné l'armée, lui conseilla de ne point se montrer à Paris, et de retourner en toute hâte sur ses pas pour rallier les débris de ses troupes; il lui dit avec chaleur :

— Vous abandonnez la partie sans l'avoir perdue.

En effet, il lui paraissait encore possible de joindre les restes de l'armée du Nord à celle du Rhin, qui n'était point encore engagée, et d'opposer à l'invasion imminente une nouvelle armée recrutée par les fédérés et les gardes nationales des divers départements de la France.

Mais Napoléon ne paraissait déjà plus susceptible d'aucune résolution forte, et un parti puissant allait prévaloir sur celui de ses adhérents intimes.

M. de C... se vit seul dans son salon. Les délibérants s'étaient dispersés comme des bulles à la surface de l'eau, ou plutôt des grenouilles qui se dispersent quand on jette un caillou au milieu d'elles.
(Note communiquée.)

En entrant à l'Élysée, Napoléon envoya chercher le ministre de la guerre, qui le trouva au bain et prenant un bouillon. Napoléon le salua en lui disant de prime-abord :

— Il me faut trois cent mille hommes et de l'argent.

La réponse du maréchal n'ayant pas été satisfaisante, l'Empereur ordonna d'assembler le conseil. L'Empereur avait emporté en Belgique vingt-six millions de francs provenant en partie de l'argent de sa cassette particulière, voulant ouvrir la campagne magnifiquement et payer tout ce dont il pourrait avoir besoin. Tout fut pris par les Prussiens, jusqu'aux équipages impériaux, y compris la voiture du sacre, que l'on avait fait venir de Chambord où elle était remisée, je ne sais trop pourquoi.

Toutefois Lucien cherchait à rassurer les esprits, dans le conseil des ministres, qui avait été convoqué aussitôt, et parmi les personnages les plus marquants des deux Chambres.

— Ce n'est là, dit-il, que la perte d'une bataille; trente mille hommes hors de combat ne décideront pas du salut de la France.

Mais l'effroi était déjà passé dans le cœur des

hommes du 20 mars. Vainement Lucien s'efforça de ranimer leur vieux courage. Aux uns il retraça les dangers d'une lâche défection; aux autres, il rappela ce qu'ils avaient promis à l'Empereur, huit jours avant son entrée en campagne.

— Des revers, ajouta-t-il, n'affaibliront point notre courage, ils redoubleront notre attachement pour notre souverain.

On agita, dans un conseil privé, de dissoudre les deux Chambres; mais l'attitude ferme et imposante que prit celle des représentants, dirigée secrètement par Fouché, rendit toute chance de succès improbable.

On eut recours aux négociations; les ministres, retenus au palais de l'Élysée, ayant reçu un second message, qui les sommait de se rendre au sein même de la Chambre, y furent autorisés par Napoléon. Lucien les accompagna en qualité de commissaire impérial, et requit au nom de son frère que la séance se formât en comité secret pour recevoir des communications importantes.

Le public évacua à l'instant les tribunes; et, la séance devenue secrète, Lucien lut un message de son frère contenant un récit étudié du désastre qui venait d'accabler l'armée à Waterloo, sans en dissimuler toutefois les suites.

L'Empereur recommandait aux représentants la concorde, et annonçait la formation d'une commission composée de Carnot, Fouché et Caulaincourt, pour traiter de la paix avec les coalisés. L'assemblée garda pendant quelques minutes un silence solennel, mais il fut bientôt rompu par le député Henri Lacoste, qui, sondant l'abîme où Napoléon avait plongé la France, dit à l'assemblée qu'elle ne pouvait trouver dans son énergie seule les moyens de sauver la patrie. Lucien, reprenant la parole, essaya de justifier son frère en cherchant à diminuer l'étendue des désastres, et présenta la France comme pouvant les réparer.

— L'Empereur a plusieurs armées sur pied, ajouta-t-il, et tout n'est pas perdu !

Un murmure général l'avertit que l'assemblée ne partageait pas sa confiance. Alors il déploya toutes les ressources de l'art oratoire ; il invoqua jusqu'à la générosité publique et la foi donnée aux serments ; il termina son discours en insistant pour renouveler surtout le reproche de légèreté si souvent adressé à la nation française. A ces mots, l'indignation de l'assemblée éclata ; M. de La Fayette se précipita à la tribune et témoigna son étonnement qu'on osât ainsi accuser la nation de légèreté.

S'adressant à Lucien autant par ses gestes que par ses paroles.

« Apprenez à votre frère, lui dit-il, après un discours très animé, que la nation ne veut plus avoir confiance en lui, et que nous entreprendrons nous-mêmes le salut de la patrie qu'il a livrée au courroux de l'Europe. »

D'autres orateurs indiquèrent le même remède. L'assemblée ayant décidé qu'elle prendrait dans la nuit même des mesures de salut public, Lucien et les ministres se retirèrent.

En effet, malgré les discours de ses amis, et même ceux des patriotes dans les deux Chambres, Napoléon n'en fut pas moins forcé d'abdiquer ; mais ce sacrifice, de sa part, fut loin d'être volontaire, comme on l'a prétendu.

Le lendemain de la notification de l'abdication aux Chambres (le vendredi 23 juin) jour où elle fut affichée dans la capitale, les émissaires de la police découvrirent un complot organisé pour s'emparer des arsenaux, armer les faubourgs, marcher à l'Élysée et rétablir le trône impérial. La vigilance de Fouché empêcha que ce plan ne fût exécuté; toute la garde nationale de Paris fut le soir sous les armes, et y resta pendant toute la nuit; on ne fit aucune tentative d'arrestation, jusqu'à ce qu'un coup de canon tiré près de la barrière du Trone eût donné le signal de la conspiration et eût fait découvrir les chefs, qui s'avançaient les premiers au lieu du rendez-vous. Ils furent tous pris, et on arrêta à peu près deux cents individus.

Le 24 juin, Napoléon se retira à la Malmaison, premier berceau de sa grandeur. Il avait négligé cette habitation qui lui rappelait de douloureux souvenirs, surtout depuis la mort de Joséphine ; ces tristes salons le reçurent encore lorsqu'il fut dépouillé de sa couronne, mais alors c'était pour leur dire un éternel adieu.

L'Empereur n'emporta pas dans sa retraite les regrets qu'on pouvait croire qu'il aurait inspirés au gouvernement et aux Chambres. Non seulement on ne fit aucune provision pour lui, mais encore on menaça le comte Mollien, ministre du Trésor, de le faire mettre en jugement par les Chambres pour avoir déboursé certaines sommes du Trésor pour l'usage particulier de Napoléon. Depuis, ce ministre a déclaré ne lui avoir pas donné un seul franc, mais déjà il avait avoué avec candeur qu'il regrettait de n'avoir pas été en état de secourir l'Empereur déchu et dans le malheur.

La première idée de l'Empereur, après sa chute, avait été de se rendre en Angleterre, et ce projet peut être regardé comme un hommage spontané rendu à la nation anglaise, qu'il n'aima pas, il est vrai, peut-être parce qu'il était forcé de l'estimer, mais enfin à qui il croyait devoir rendre justice. Il prêta ensuite l'oreille à la proposition qu'on lui fit de passer aux États-Unis d'Amérique ; un grand nombre de capitaines américains qui se trouvaient à Paris lui offrirent leurs vaisseaux. Mais Napoléon repoussa tout moyen qui eût donné à son éloignement l'apparence d'une fuite. Pressé cependant de prendre un parti, il se décida en faveur des États-Unis, et déclara qu'il était prêt à partir avec sa famille pour cette destination. La commission du gouvernement provisoire sembla se prêter à l'exécution de cette détermination ; le ministre de la marine reçut l'ordre de faire préparer deux frégates pour être mises à la disposition de Napoléon, ainsi qu'il le demandait. Fouché savait que ces dispositions étaient sans conséquence ; il savait qu'un sauf-conduit devait être demandé à lord Wellington, et qu'il ne serait pas accordé... L'Empereur était déjà le prisonnier des Anglais.

Sur ces entrefaites, les Autrichiens, les Russes et les Prussiens étaient arrivés pour la seconde fois sous les murs de Paris ; l'Empereur pouvait être enlevé à la Malmaison ; tout était en alarmes autour de lui. Le peu d'amis qui lui restaient le pressaient de songer à sa sûreté. Le 29 juin, la commission du gouvernement provisoire pressa à son tour le départ de Napoléon qui, le même jour, monta en voiture à cinq heures du soir, et abandonna la Malmaison. Sa suite se composait de MM. Bertrand, Montholon, Gourgaud, Savary, Lallemand frères, Las-Cases, Planat, Resigny ; la comtesse Bertrand accompagnait son époux ;

madame Montholon voulut également s'attacher à la destinée hasardeuse du sien. L'Empereur coucha à Rambouillet, où il reçut un courrier, le 30, à la pointe du jour. Il ouvrit avec émotion les dépêches qu'on lui remettait et s'écria douloureusement après les avoir parcourues :

— C'est fini !... C'en est fait de la France !... Partons !

Napoléon ne s'arrêta plus qu'à Rochefort, où la signification de son exil sur le rocher de Sainte-Hélène lui fut notifiée... On sait le reste.

Joseph, mieux inspiré, avait profité des offres que lui avait faites un capitaine américain de le conduire à Boston ; il y arriva sans obstacle.

Le 30 juin, la reine Hortense reçut un ordre, brutalement conçu et signé Muffling, *gouverneur de Paris*, de quitter la capitale dans les vingt-quatre heures, et de sortir du royaume de France au plus vite.

Quant à Lucien, convaincu que Napoléon n'échapperait même pas aux alliés, s'il ne prenait le parti de se réfugier au delà des mers, il avait insisté pour sa prompte fuite aux États-Unis, où toute sa famille l'aurait suivi. Cette résolution ayant été définitivement arrêtée entre eux à la fin de juin, comme je l'ai dit plus haut, Lucien se retira à Neuilly, dans la maison de campagne de sa sœur Pauline, et lui écrivit une lettre pour la prévenir des nouvelles dispositions qui avaient été arrêtées entre lui et son frère [1]. Chaque jour, le danger devenait plus imminent pour la famille impériale; des mesures sévères contre la plupart de ses membres étaient prises par le gouvernement provisoire, et des arrêts de bannissement, signés par M. de Talleyrand, avaient été notifiés à plusieurs des anciens associés ou commensaux de Napoléon; le moment était arrivé où il fallait que Lucien songeât à sa sûreté. Lui-même, sous le nom de comte de Châtillon, prit la route de Boulogne; et, pendant qu'on négociait avec les généraux alliés, il se rendit à ce port où il retint un paquebot; mais, au moment de s'embarquer, il reçut un courrier

1. Voir à la fin du volume les *pièces justificatives* n°s 11 et 12.

qui l'instruisit des nouvelles mesures qui avaient été prises contre son frère et de son départ pour Rochefort, ce qui le fit changer subitement de résolution, car il allait se hasarder de passer en Angleterre, dans l'intention d'appuyer auprès du gouvernement le sauf-conduit qui lui était nécessaire pour se rendre aux États-Unis. On pense bien qu'il abandonna ce projet.

XX

QUELQUES TRAITS DU CARACTÈRE
DE NAPOLÉON;
ANECDOTES DIVERSES SUR SA VIE;
PARTICULARITÉS CONCERNANT LES PERSONNES
QUI COMPOSAIENT LA COUR IMPÉRIALE

Le jeu de *barres*. — M. de Caulaincourt. — Le pâté chaud — M. de Menneval. — Étiquette de la cour des Tuileries. — M. Barbier. — La *Société maternelle*. — M. Ternaux. — L'ancienne et la nouvelle noblesse. — Le duc de Plaisance et le comte Chaptal. — *Grand service* et *petit service*. — Passe-temps de Marie-Louise. — Les *petites entrées*. — Mesdames de Rovigo et de Bouillé. — M. de Saint-Aignan. — Le coup de cravache et le coup d'épée. — La salle de billard. — L'album de l'Impératrice. — Le comte de Lacépède. — La duchesse de Weymar. — Madame Bertrand.

Pour terminer ces mémoires, il ne me reste plus qu'à rassembler quelques traits qui serviront à compléter le portrait de Napoléon dans son intérieur, jour sous lequel il fut très peu connu, et qui n'a jamais été peint sous des couleurs véritables, de même que les principaux personnages de sa famille et en général tous ceux des individus qui concoururent à donner à la cour impériale ce brillant et cette splendeur, dont il ne reste plus maintenant que des souvenirs.

Lorsqu'il n'était encore que le premier consul, Napoléon admettait souvent à sa table des littérateurs, des savants et des artistes. A la campagne, il jouait avec eux à différents jeux, notamment *aux barres*, exercice de jeunesse dont il avait conservé le goût, sans doute parce que c'est une image de la guerre. Quand il fut revêtu de la dignité impériale, il crut que le *décorum* lui défendait de continuer d'agir de même, et il ne se permit plus que l'exercice du cheval, qu'il aimait beaucoup, quoiqu'il fît des chutes assez fréquentes. Il en fit une, un jour, à Trianon, en s'amusant à poursuivre l'Impératrice dans un parterre planté d'arbustes. Il se releva à l'instant, se remit en selle en riant comme un fou, et continua de courir en criant : *Casse-cou !*

Je l'ai encore vu jouer aux barres depuis son

mariage avec Marie-Louise, et, quoiqu'il fût déjà très gros, il courait encore assez légèrement. Un jour que la cour était à Rambouillet, il y eut une grande partie *de barres*, dans laquelle l'Empereur tomba deux fois sans se faire aucun mal ; il s'élançait avec force pour saisir son adversaire, qui était le grand maréchal ; celui-là s'esquivait toujours ; ce qui fut cause que l'Empereur alla deux fois rouler sur le sable à quatre pas de lui ; il se releva sans mot dire, et continua la partie plus gaiement encore.

Il aimait le luxe et la magnificence dans toutes les occasions publiques ; mais il voulait qu'une stricte économie régnât dans l'intérieur de sa maison. Dans un voyage qu'il fit à Compiègne, trouvant que la voiture allait trop lentement à son gré, il baissa la glace, et dit au piqueur qui l'accompagnait : « Plus vite donc, plus vite ! » M. de Caulaincourt qui, en qualité de grand écuyer, le précédait dans une autre voiture, entendit cet ordre, et, mettant la tête à la portière, cria aux postillons, en jurant, qu'il les chasserait tous si l'on changeait de train. Les chevaux continuèrent donc d'aller au grand trop. L'Empereur, arrivé à Compiègne, se plaignit de la lenteur du voyage.

— Sire, répondit froidement M. de Caulaincourt, donnez-moi plus d'argent pour la dépense de vos écuries, et vous pourrez crever autant de chevaux que vous le désirerez.

Napoléon changea de conversation.

Un jour qu'il déjeunait avec l'Impératrice, il demanda à une de ses premières dames qui y assistaient, ce que pouvait coûter un pâté chaud qui était sur la table :

— Douze francs pour Votre Majesté, lui dit-elle en souriant, et six francs pour un bourgeois de Paris.

— C'est-à-dire que je suis volé ! reprit Napoléon.

— Non, Sire, mais il est assez d'usage qu'un roi paye plus cher que ses sujets.

— C'est ce que je n'entends pas ! s'écria-t-il vivement ; et j'y mettrai bon ordre.

Effectivement il entrait dans des détails d'économie intérieure que négligent souvent bien des particuliers.

Le même ordre régnait chez l'Impératrice.

Tous les mois, madame la comtesse de Luçay lui présentait l'état de dépense du mois précédent : elle le signait, et il était remis à M. de Ballouhey, secrétaire des dépenses et chargé de les payer. Il remplissait les mêmes fonctions sous l'impératrice Joséphine, et, après son mariage avec Marie-Louise, l'Empereur lui conserva cette place, comme une récompense de sa parfaite probité, de son exactitude et de son attachement. M. de Ballouhey a, depuis, suivi l'Impératrice à Parme, où il a reçu de cette princesse les preuves les plus touchantes de confiance et d'intérêt; la faiblesse de sa santé l'a forcé depuis à revenir à Paris où il est encore aujourd'hui.

L'écriture de Napoléon avait toujours été fort mauvaise, et, dans les derniers temps, elle était tout à fait illisible. Les secrétaires habitués à la lire pouvaient seuls la déchiffrer. Dans sa signature, il n'était possible de distinguer que les trois premières lettres; le surplus ne consistait qu'en quelques traits informes. Rien n'était plus fatigant que la place de premier secrétaire de Napoléon : M. de Menneval la remplit pendant dix ans; l'Empereur le nomma enfin secrétaire des commandements de Marie-Louise, et lui dit, en le lui présentant, que c'était l'homme le plus estimable et le plus discret qu'il eût jamais connu, mais qu'il l'avait tué à force de travail. Effectivement, il ne se passait pas de nuit qu'il ne le fît appeler pour lui dicter quelque chose, et souvent même plusieurs fois en une seule nuit.

Il a prouvé par la suite qu'il méritait l'estime distinguée dont l'Empereur l'honorait. Placé à Blois et à Orléans dans une position difficile, témoin des intrigues qui entouraient l'Impératrice, il osa, sans s'écarter du respect, faire entendre la voix de la vérité; il ne recula jamais devant ce que l'attachement et le devoir lui inspiraient. M. Fain, attaché depuis longtemps à l'Empereur comme secrétaire, remplaça M. de Menneval; il a donné à Napoléon les preuves d'un attachement et d'une fidélité qui honoreront éternellement son caractère.

L'organisation physique de l'Empereur était remarquable; il dormait quand il le voulait, et c'est ce qui lui faisait supporter avec tant de facilité le travail de nuit. Ordinairement il se couchait à dix heures, se levait d'une heure à deux, travaillait jusqu'à cinq ou six, se baignait, se faisait habiller, recevait quelques personnes, déjeunait vers dix heures, et recommençait à travailler jusqu'à midi : alors il venait chez sa femme ou allait se promener; mais, quand le travail le pressait, il y restait quelquefois jusqu'au soir. Dans la journée, il descendait plusieurs fois chez l'Impératrice, et ils allaient ensemble voir leur fils. Si Napoléon avait un peu de temps à lui, après avoir causé, embrassé sa femme et joué avec son enfant, il se mettait dans un fauteuil, et, tout en parlant, il s'endormait profondément : il ne s'éveillait que lorsqu'on venait le prévenir qu'il était attendu.

Il dînait tous les jours entre sept et huit heures, seul avec Marie-Louise; les dimanches, il y avait dîner de famille. Telle était l'étiquette des Tuileries, à laquelle on ne dérogeait que pour madame Lannes ou madame de Luçay, qui, quelquefois, dînaient en tiers.

Dans les petits voyages, Napoléon invitait tous les jours trois ou quatre dames et autant d'hommes; mais cet honneur n'avait lieu qu'en faveur de certaines personnes.

Lorsqu'on lui présentait une pétition, il la remettait à un aide de camp ou dans sa poche : celle-là était pour faire examiner les demandes. Lorsqu'il la mettait dans sa *poche gauche*, que l'on appelait au château la *bonne poche*, c'était un signe certain qu'il était disposé à accorder ce qu'on lui demandait, même sans autre forme d'examen.

L'Empereur avait des expressions et des idées qui lui étaient propres. Un jour qu'il causait avec l'Impératrice sur quelques personnes dont la conduite lui était désagréable, il termina sa phrase par ces paroles :

— La chasteté est pour les femmes ce qu'est la bravoure pour les hommes ; je méprise un lâche et une femme sans pudeur.

Un jour que l'Empereur parlait de Corvisart, il dit que c'était un égoïste ; qu'il avait des boyaux et pas d'entrailles. L'Impératrice se récria et dit que tout le monde était égoïste, qu'elle-même l'était.

— Ne dis pas cela, ma Louise, que tu es égoïste, c'est le vice le plus affreux que je connaisse.

Parmi les absurdités qu'on a publiées contre

lui, on s'est beaucoup étendu sur ses galanteries, dont on a fini par faire un libertinage dégoûtant. Je vais citer deux traits qui prouveront quelle confiance méritent de pareilles assertions.

L'Empereur était très réservé avec les dames de l'intérieur, dont la moitié était d'un âge mûr. Parmi celles qui étaient les plus jeunes, une avait quelque beauté; sa tête était remplie de tous les contes dont je viens de parler, et sa vertu éprouvait de continuelles alarmes. Elle méditait journellement des moyens de défense, préparait ses discours, et était fortement décidée à résister à toutes les séductions, à tous les sentiments, même à la violence. Chaque jour elle attendait le moment de déployer tous ses moyens d'opposition ; à peine osait-elle dormir : elle finit enfin par faire part de ses frayeurs à une de ses compagnes. Celle-ci, qui connaissait mieux le terrain, l'engagea à se calmer, et à attendre l'attaque avant de se tourmenter sur la défense. Effectivement l'Empereur ne s'est jamais occupé d'elle ni des autres, et elle a fini elle-même par rire de ses craintes.

Napoléon se fâchait lorsqu'il voyait lire des

romans, on les cachait lorsqu'on l'entendait venir, mais souvent il surprenait les lectrices. Il avait chargé son bibliothécaire, M. Barbier, de faire un choix de livres, et de les envoyer à Marie-Louise. Celui-ci, plus homme de lettres que censeur rigide, y joignit les *Satires* de Juvénal. L'Empereur arriva au moment où l'on venait de les recevoir. Apercevant ce dernier ouvrage, il gronda très fort, en disant que ce livre ne convenait pas à de jeunes femmes ; il signifia qu'à l'avenir, tous les envois passeraient par son cabinet, et manda son bibliothécaire qui fut vertement sermonné par lui.

Il était très indifférent pour l'argent, il était excessivement généreux, et n'eut jamais la force d'en refuser à quiconque lui en demandait. Lors de son départ de la Malmaison pour Sainte-Hélène, il n'emporta que trois cent soixante mille francs : c'était tout ce qu'il possédait.

Je tiens d'une femme pour laquelle il eut toujours beaucoup d'estime, et qui m'honora longtemps du titre d'*amie*, madame V..., qu'elle déjeuna à la Malmaison avec Napoléon, l'avant-veille de son départ pour Rochefort, qu'il paraissait fort tranquille, qu'il était très gai, et qu'il joua pendant une demi-heure avec son fils, le petit Alexandre, avec sa bonté accoutumée.

L'Empereur aima toujours beaucoup les enfants. Les jeunes pages le regardaient plutôt comme un bon père que comme un maître absolu ; il les tutoyait presque tous en les appelant de préférence par leur nom de baptême ; il donna un sobriquet à ceux qu'il affectionnait davantage.

Napoléon connut peut-être mieux que tout autre ce que c'est que d'être peu fortuné : car, dans les derniers temps qu'il était à l'île d'Elbe, le grand-maître de son palais se vit forcé de retrancher des dépenses de sa table, en substituant à son chambertin et à son bordeaux favori, le vin du pays, économie à laquelle il consentit volontiers, et même en riant.

Des officiers de toutes les nations, qui avaient servi sous ses ordres, se rendirent sur ce rocher et le prièrent avec tant d'instances de les reprendre à son service, que, lorsqu'il leur opposa franchement l'exiguité de ses moyens, quelques-uns se contentèrent de vingt-cinq à trente sous par jour, plutôt comme un gage de son estime que comme une récompense de leur attachement. On sait que, à Sainte-Hélène, il eut besoin de mettre en pratique toute la philosophie que la nature et l'expérience peuvent donner à l'homme. Déjà, avant son départ, il avait recouvré à la Malmaison, et dans l'incertitude où il était de son sort, toute sa tranquillité. A l'île d'Elbe, il invitait la jeune famille de madame Bertrand à venir dîner avec lui presque tous les dimanches, et il laissait rarement partir ses enfants sans leur faire quelque cadeau, soit d'argent, soit de friandises, qu'il avait soin de mettre exprès dans ses poches. Je ne pense pas que de pareils sentiments soient incompatibles avec l'apparence extérieure de l'indifférence et toutes les démonstrations d'un cœur froid, lorsque la situation était telle, que non seulement elle justifiait l'indifférence, mais même elle lui donnait un air d'héroïsme.

Napoléon fut extrêmement affecté lorsqu'il prit congé de sa mère et de sa sœur en partant de l'île d'Elbe, au point même qu'il leur dit :

— Je dois partir maintenant, ou je ne partirai jamais.

Je dois, pour compléter ce que j'ai dit de Napoléon, rapporter quelques anecdotes, et en démentir quelques autres qui sont entièrement controuvées.

Les Français aiment en général à donner des ridicules ; lorsqu'ils n'en trouvent pas l'occasion, ils la font naître. Voici une anecdote qui a couru partout.

On disait que l'Empereur, causant avec Marie-Louise, se plaignait de l'impératrice d'Autriche et des archiducs, et, après avoir témoigné son humeur contre eux :

— Quant à ton père, lui dit-il, je n'ai rien à dire, c'est une *ganache*.

L'Impératrice n'ayant point compris ce mot, dès que Napoléon se fut retiré, elle en demanda l'explication aux dames qui se trouvaient là ; aucune d'elles n'osant lui en donner la véritable signification, on lui dit qu'on désignait par ce mot un homme grave, un homme de poids. L'Impératrice, n'oubliant ni l'expression ni la définition, en fit, quelque temps après, une application assez plaisante, tandis qu'elle était chargée de la régence de l'empire français. Un jour qu'on discutait une question importante au conseil, elle remarqua que Cambacérès n'avait pas encore parlé ; se tournant vers lui :

— Je voudrais connaître votre opinion sur cet objet, lui dit-elle, parce que je sais que vous êtes une *ganache*.

Cambacérès, à ce compliment, ne put que la regarder d'un air étonné et interdit, en répétant à demi-voix le mot *ganache*.

— Oui, dit-elle, une *ganache*, un homme *froid*, un homme *de poids* : n'est-ce pas ce que cela signifie ?

Chacun garda le silence, et l'on continua la discussion.

On sent parfaitement que cette anecdote est de toute fausseté ; elle n'est ni vraie ni vraisemblable. J'ai dit ailleurs que Marie-Louise parlait et écrivait le français aussi bien que la Parisienne la plus instruite ; j'ajouterai que je suis persuadée que Napoléon ne s'est point servi de cette expression triviale en parlant de son beau-père, avec lequel i avait été longtemps très bien ; d'ailleurs, toutes les fois qu'il voulait attaquer par ses plaisanteries la maison d'Autriche, Marie-Louise la défendait avec chaleur. Un jour, entre autres, que Napoléon parlait à sa femme des projets qu'avait l'empereur d'Autriche de s'emparer de quelques villes dans sa convenance.

— Tu vois bien, lui dit-il, que ton père est un voleur, et qu'il s'approprie ce qui ne lui appartient pas.

— Cela est vrai, répondit-elle, mais toi, tu voles des royaumes, et mon père ne prend que quelques terres.

Napoléon rit beaucoup de la réponse, et demanda aux personnes présentes si une femme qui devait respecter son mari avait le droit de le traiter de *voleur*.

L'Empereur, voulant faire aimer Marie-Louise de la classe du peuple, institua la *Société maternelle*, dont il la fit présidente. Madame de Ségur fut nommée vice-présidente; d'autres dames y furent agrégées. Cette institution avait pour but de venir au secours des mères de famille pauvres ayant plusieurs enfants; elles étaient soignées dans leurs couches; on leur donnait de quoi avoir du bouillon, du vin, une layette; enfin, lorsqu'elles avaient plusieurs enfants, elles étaient payées si elles nourrissaient le dernier, comme l'aurait été une nourrice étrangère. Madame de Ségur porta, dans ces fonctions, la douceur, la bonté et le zèle qui la distinguaient, et elle fut l'appui et la consolation de toutes les femmes malheureuses qui eurent recours à elle.

Depuis le départ de Marie-Louise, cet établissement n'a fait que s'améliorer; madame la duchesse d'Angoulême, qui était si charitable et si bienfaisante, en est devenue la présidente et a encore augmenté les ressources que cet établissement possédait déjà.

Napoléon aimait que sa cour fût brillante : tous les emplois y avaient un traitement fort élevé, et il exigeait des titulaires qu'ils fissent de la dépense. Un moyen de lui plaire était d'avoir une maison bien montée, d'élégants équipages, de donner des fêtes et de recevoir beaucoup de monde. Il disait quelquefois, en parlant de certains grands personnages soupçonnés de parcimonie :

— Ce sont des *grigoux* qui entassent leur argent.

La toilette des femmes l'occupait aussi. Lorsqu'il entrait dans le salon, il jetait un coup d'œil sur toutes. Ce regard était une véritable inspection. Il allait dire un mot gracieux à celle qu'il trouvait bien, et souvent une mauvaise plaisanterie était le partage de celle dont la toilette, moins fraîche, lui déplaisait. Il détestait les châles, et jamais on ne pouvait en garder en sa présence. Ceux de cachemire, qu'il souffrait bien malgré lui, et dont il parlait souvent, lui déplaisaient encore davantage. Ce fut pour les faire tomber, qu'il en commanda à M. Ternaux, dont M. Isabey fit les dessins; ils étaient certainement plus jolis à l'œil que ceux de l'Inde. La mode prévalut cependant, et les premiers continuèrent d'avoir la préférence. Depuis ils furent parfaitement imités par M. Ternaux, et l'Empereur en paya fort cher les premiers essais. Les diamants étaient la parure de son choix : aussi rien de plus brillant que le spectacle des Tuileries un jour de gala. Tout le monde s'y surpassait, même ceux que l'on citait pour leur avarice. Ces derniers étaient l'objet constant des plaisanteries et des sarcasmes de Napoléon; ceux ci s'en moquaient souvent; quelquefois ils s'en fâchaient, et leur humeur ne faisait que produire chez eux une économie renforcée.

Il était tout naturel qu'il y eût une grande disparité dans une cour formée de tant de personnages divers. Les anciens nobles, heureux de se retrouver dans l'aisance, jouissaient de leur fortune avec éclat et sans prévoyance, la répandant sur ceux qui les environnaient, sans oublier les malheureux. Les nouveaux riches, princes, ducs, comtes, barons, etc., rivalisaient de luxe avec eux, mais souvent avec moins de succès. Il en est cependant plusieurs qui s'étaient élevés à la hauteur de leur rang; mais le nombre en était petit.

On doit distinguer parmi eux M. le duc de Plaisance et M. le comte Chaptal. Beaucoup de personnes ignorent que le premier a fondé un établissement dans le département de Seine-et-Oise, qui fait vivre plus de trois cents familles. C'est une filature de coton qu'il a placée près de Dourdan, dans un pays pauvre et privé de toutes ressources; on y voit aujourd'hui un village bien bâti, que les habitants, par reconnaissance pour leur bienfaiteur, ont nommé *Ville-Brun*. M. le duc a, de plus, établi une école primaire pour instruire les enfants. Tout le monde connaît mieux les importants services rendus à l'industrie française par M. le comte Chaptal, et le superbe établissement qu'il a créé à Chambord.

L'Empereur connaissait les détails les plus intérieurs, et s'amusait souvent à les raconter à l'Impératrice. Beaucoup d'individus qu'il persiflait ne se doutaient pas d'où lui venait l'envie de se moquer d'eux : cela tenait à des anecdotes qu'il avait recueillies, et qui les déconsidéraient à ses yeux.

Depuis son second mariage, il avait un vif désir de donner à sa cour un meilleur ton; il voulait surtout en changer les mœurs, et que tout prît au moins l'apparence de la régularité.

Parmi les dames qu'il avait aimées, deux seules conservèrent une place dans ses affections : madame de Valeska, dont l'attachement pour lui s'est montré si tendre et si soutenu, et une autre dame dont je tairai le nom : Cette dernière a joui, même jusqu'au dernier moment, d'une espèce de crédit.

Les princes et les princesses avaient près d'elles des dames pour les accompagner; elles formaient leur cortège à la promenade, garnissaient le salon le soir, et contribuaient, par leur conversation, à amuser les princesses. Près des reines, elles se nommaient *dames du palais*, près des princesses *dames pour accompagner*. Ces places étaient fort recherchées, et données presque toutes à la faveur; on enviait celles qui les obtenaient, parce qu'on ignorait tous les désagréments, toutes les tribulations qui y étaient attachées.

Tous les trois mois on formait la liste des dames de service, mais c'était une grande affaire pour trouver les douze dont on avait besoin; les unes étaient malades, les autres étaient enceintes ou absentes; enfin, lorsqu'elle était complète et que les dames étaient nommées, elles s'arrangeaient entre elles. Quatre faisaient le service pendant un mois : de ces quatre, deux seules étaient de *grand service*, c'est-à-dire tous les jours; les deux autres ne venaient que le soir et le dimanche. Les deux dames de grand service arrivaient à onze heures du matin dans le salon qu'on appelait *de service*. Elles étaient libres de s'occuper ou de ne rien faire, et restaient fort tranquilles jusqu'à une heure. Alors Sa Majesté sortait en voiture ou à pied; si c'était à pied, elles formaient sa suite. S'il arrivait (et c'était fort rare) que la dame d'honneur et la dame d'atour ne se trouvassent pas au palais, alors l'Impératrice prenait dans sa voiture une de ces dames; c'était ordinairement la plus qualifiée ou la plus âgée, et non celle qui lui aurait le mieux convenu. Mais cette bonne fortune était rare pour les dames de service; plus ordinairement elles faisaient cette promenade dans une voiture de suite, ayant sur le devant de la voiture le chevalier d'honneur et un chambellan.

L'écuyer et le page de service étaient toujours à cheval, l'un à droite et l'autre à gauche de la voiture de Sa Majesté; cette promenade durait une heure ou deux. De retour au château, l'Impératrice saluait ces dames, et rentrait dans son intérieur, suivie de sa dame d'honneur ou de sa dame d'atour.

Les deux dames restaient au palais jusqu'à cinq heures; elles faisaient alors demander la permission de se retirer. Elles l'obtenaient, et retournaient chez elles bien ennuyées, bien mécontentes, et fort heureuses lorsqu'il ne s'y joignait pas d'autres désagréments. Elles revenaient à sept heures et n'étaient libres que lorsque Marie-Louise allait se coucher. La soirée était plus agréable que la journée. Presque toujours l'Empereur demandait le service : alors les deux dames, le chambellan, l'écuyer et le page entraient; cependant j'ai vu arriver, à une duchesse et à une comtesse de service, une aventure fort mortifiante. Toutes les personnes présentées étaient admises aux jours de grande cérémonie; mais, dans chaque cour, un petit nombre formait la société privée : c'étaient les ministres, les grands dignitaires et les favorisés, en hommes et en femmes; ils avaient ce qu'on appelle les *petites entrées*, c'est-à-dire le droit de venir tous les jours et à toute heure. Ils se réunissaient dans le même salon. Lorsque l'Empereur avait dîné, il passait dans le sien; causait seul un moment avec l'Impératrice, toutes les portes ouvertes; ensuite il demandait les entrées et le service. Le chambellan répétait l'ordre, et chacun entrait suivant son rang ; s'il ne demandait pas le service, alors ceux qui n'avaient pas les petites entrées restaient dans le premier salon. Ces entrées se donnaient et se retiraient tous les trois mois, afin qu'il n'y eût pas trop de monde à la fois.

Un jour que la duchesse de Rovigo et madame de Bouillé étaient de grand service, l'empereur ne demanda que les entrées : il ne se trouva que le chambellan et l'écuyer : ils entrèrent, et les deux dames restèrent absolument seules. Madame de Bouillé demanda sa voiture et sortit furieuse. La duchesse, au moins aussi mortifiée, resta par prudence, et fit bien, car l'Empereur, s'étant informé quelles étaient les dames de service, s'empressa de dire qu'on les fît entrer. On ne trouva que la duchesse, qui dit que madame de Bouillé s'était trouvée incommodée; on se douta de la vérité, et l'Empereur blâma hautement sa conduite : il fut, ce soir-là, très aimable pour madame de Rovigo.

Outre les dames du palais, il y avait une grande quantité de chambellans dont un certain nombre, nommés par l'Empereur, faisaient le service chez l'Impératrice. Il en était de même des écuyers et des pages. Il y en avait quatre et quelquefois six, qui étaient tour à tour de service ; je n'y comprends pas le prince Aldobrandini, son premier écuyer.

On doit croire qu'il y avait, soit dans les chambellans, soit dans les écuyers, le mélange que l'on trouvait partout ; il aurait été naturel que l'ancienne noblesse, réunie en cercle avec la nouvelle, donnât à cette dernière le ton et la politesse d'autrefois ; pas du tout, et je dois faire ici une remarque que plusieurs personnes ont faite avec moi : c'étaient les anciens nobles qui affectaient le plus mauvais ton, et dont les discours étaient les plus inconvenants et les plus indécents. Ces mêmes individus, de retour au faubourg Saint-Germain, reprenaient alors les habitudes et la tenue qu'ils n'auraient jamais dû quitter. Il y en avait cependant plusieurs auxquels cette remarque ne doit pas s'appliquer : M. de Saint-Aignan savait allier, dans son service auprès du trône, le profond respect à toutes les grâces de l'esprit, de l'instruction et des belles manières. M. de M... et M. d'E... auraient dû l'imiter; mais ils n'en faisaient rien. Aussi arriva-t-il au premier une aventure assez désagréable. Sortant par un temps de pluie, de l'Élysée-Bourbon, à côté de la voiture de l'Impératrice, il aperçut un individu qui avait gardé son chapeau sur la tête; d'un coup de cravache, il le fit sauter dans la boue : l'homme décoiffé s'informa de son nom, un duel s'en suivit, et M. de M... reçut un coup d'épée, heureusement peu dangereux. Il fut blâmé, particulièrement par l'Empereur, qui manifesta hautement son mécontentement de cette brutalité, en ajoutant :

— C'est bien fait : il n'a que ce qu'il mérite.

On voit par les anecdotes que je viens de rapporter, que les dames du palais qui, par leur service, se trouvaient obligées de passer cinq à six heures avec ces messieurs, n'y devaient pas trouver beaucoup d'agrément; aussi s'en plaignaient-elles souvent. Elles étaient obligées d'entendre les récits d'aventures scandaleuses qui faisaient rougir quelques-unes d'elles, et embarrassaient le plus grand nombre; elles avaient aussi à supporter quelquefois des persiflages indécents sur leurs liaisons. L'Empereur ignorait tout cela ; devant lui, tout le monde était respectueux, poli et silencieux ; mais on s'en dédommageait lorsqu'il était absent. Je dois ajouter, pour finir tout ce qui concerne le salon, qu'une dame et deux hommes faisaient la partie de l'Impératrice ; que d'autres parties se faisaient entre les dames, mais dans une autre pièce ; que l'Empereur passait ordinairement la soirée à causer avec un ou deux de ses ministres, qu'il conduisait dans un petit salon où il y avait un billard pour l'Impératrice. Napoléon y jouait fort mal, sans aucune attention et toujours en courant ; c'était ordinairement là qu'il se fâchait ou grondait lorsqu'il avait à se plaindre. Sa voix seule se faisait entendre ; rarement on lui répondait. Du reste, excepté lui, on n'entendait personne dans le salon ; quoiqu'il fût rempli de courtisans, il était impossible de distinguer aucune voix. On causait cependant, mais très bas, et suivant l'usage adopté par l'ancienne cour.

L'Empereur jouait quelquefois au whist, et il se faisait un plaisir de tricher et riait de tout son cœur lorsqu'on s'en apercevait, quoique personne n'osât lui en faire l'observation.

Napoléon conserva toujours les liaisons d'amitié qu'il avait contractées dans sa jeunesse ; devenu premier consul, il continua à recevoir familièrement à Saint-Cloud les amis qu'il avait eus dans sa plus humble fortune.

De tous ceux qui composaient la cour impériale, personne ne mérita peut-être davantage l'estime et l'amitié des gens de bien que le comte de Lacépède, ami et digne successeur de l'illustre Buffon, grand chancelier de la Légion d'honneur depuis l'origine de cette institution et qui perdit cette place lors de l'arrivée de Louis XVIII à Paris ; il s'était alors retiré dans un domaine qui lui appartenait, dans le département de Lot-et-Garonne.

Quand il apprit le retour de Napoléon, il ne s'empressa pas, comme tant d'autres, de venir ramper aux pieds de son ancien maître : il resta dans sa retraite, occupé de travaux littéraires et scientifiques, jusqu'à ce qu'un courrier lui eût apporté l'ordre de l'Empereur de venir reprendre ses anciennes fonctions et celui de présider le Sénat.

Louis XVIII avait quitté la France : l'autorité de Napoléon était reconnue partout, il n'avait d'autre parti à prendre que celui de l'obéissance : il se rendit donc au poste qui lui était assigné. Lors du retour du roi, l'année suivante, il fut une seconde fois dépouillé de ses fonctions et rayé en outre de la liste des sénateurs.

Cependant jamais place ne fut si bien remplie que celle de grand chancelier de la Légion d'honneur, tant que M. de Lacépède en fut investi. Il avait l'art de renvoyer contents ceux mêmes qu'il ne pouvait satisfaire. L'Empereur l'avait nommé à la sénatorie de Paris, ce qui, avec la grande chancellerie, lui donnait droit à deux traitements différents. Pendant plusieurs années, il n'en voulut recevoir qu'un seul, donnant aux courtisans un grand exemple de désintéressement. Qu'avait-il besoin de grande fortune? Il avait des goûts simples, vivait sans faste, et consacrait à l'étude tous les moments qu'il pouvait dérober aux affaires publiques; les âmes vénales qui entouraient Napoléon virent cette conduite avec peine ; ils la lui firent envisager sous un faux jour, et le comte de Lacépède reçut l'ordre de recevoir ses deux traitements. Il n'en profita que pour se livrer davantage à son penchant pour la bienfaisance. Parmi les traits nombreux que j'en pourrais citer, je me bornerai à un seul.

Un chef de bureau de la Légion d'honneur, père de famille respectable, était attaqué, depuis plusieurs mois, d'une maladie que ses ravages rendaient chaque jour plus sensible et dont tous les caractères annonçaient qu'elle n'était occasionnée que par le chagrin. Un de ses amis intimes parvint à lui arracher un secret, et apprit qu'une dette de 20,000 francs, contractée pendant la Révolution pour faire subsister sa famille, dette qu'il n'avait encore pu acquitter, et pour laquelle un créancier impitoyable le menaçait tous les mois de poursuites rigoureuses, était la cause de son chagrin et de son mal. Cet ami avait des relations habituelles avec M. de Lacépède; après avoir mûrement réfléchi à la situation du malade, il se rendit chez le chancelier et l'instruisit de tout. Il ajouta qu'une personne de sa connaissance, homme de mérite et de talent, lui prêterait les 20,000 francs qui lui étaient néces-

saires, sans autre condition que la parole de
M. de Lacépède de lui donner sa place, si le
chef de bureau venait à mourir avant d'avoir
pu lui rembourser cette somme.

— Cela est impossible, répondit le comte
après un moment de réflexion; j'en ai bien du
regret, mais ce serait être injuste envers le
sous-chef qui remplit ses fonctions depuis sa
maladie, et qui mérite d'avoir sa place, si ce
malheureux événement arrive.

L'intercesseur retourna chez lui, peu satisfait du résultat de sa tentative. A peine y était-il arrivé qu'on lui apporta une lettre du comte de Lacépède, dont voici la copie textuelle :

« Monsieur,

» Veuillez remettre à notre ami M... la bagatelle ci-jointe, et dites-lui bien qu'il ne doit songer à me la rembourser que lorsqu'il aura recouvré sa santé, et qu'il possèdera cent mille livres de rente.

» Je suis, etc.

» B. G. E. L. V. S., le comte de LACÉPÈDE. »

La bagatelle jointe à la lettre était une

somme de 20,000 francs, en billets de banque.

Tout le monde a entendu parler du beau trait que fit Napoléon quand, en présence d'une femme éplorée qui lui demandait la grâce de son mari, il brûla une lettre qui était la seule preuve existante de sa trahison ; il est trop connu pour le citer en détail ; en voici un autre du même genre qui a eu moins de publicité.

Après la bataille d'Iéna, l'armée française, commandée par Napoléon, était attendue à Weymar. Les gens les plus riches et les plus distingués de cette ville, et notamment les membres de la famille régnante, s'enfuirent à Brunswick, parce que, le duc servant dans l'armée prussienne avec ses troupes, on avait craint la vengeance du vainqueur. La duchesse seule résolut de ne pas abandonner sa capitale ; elle se retira dans une aile de son palais avec ses dames, et fit préparer les appartements pour l'Empereur. Dès qu'il arriva, la duchesse quitta le petit logement qu'elle s'était réservé, se plaça au haut du grand escalier, pour le recevoir avec le cérémonial convenable.

— Qui êtes-vous? lui dit Napoléon en la voyant.

— Je suis la duchesse de Weymar.

— En ce cas, je vous plains, car j'écraserai votre mari!

Il ne lui accorda pas plus d'attention, et se retira dans l'appartement qui lui était destiné.

Le lendemain matin, la duchesse apprit que le pillage commençait déjà dans la ville; elle envoya à l'Empereur un de ses chambellans pour s'informer de sa santé et lui demander une audience. Cette démarche plut à Napoléon, et il fit dire à la duchesse qu'il irait lui demander à déjeuner. A peine était-il arrivé qu'il commença, suivant son habitude, par la questionner.

— Comment votre mari, Madame, a-t-il pu être assez fou pour me faire la guerre?

— Votre Majesté l'aurait méprisé s'il eût agi autrement.

— Pourquoi cela?

— Mon époux a passé trente ans au service de la Prusse; ce n'est pas au moment où le roi avait à lutter contre un ennemi aussi puissant que Votre Majesté, que le duc pouvait, l'abandonner avec honneur.

Cette réponse, aussi adroite que convenable, parut adoucir l'Empereur.

— Mais comment se fait-il que le duc se soit attaché à la Prusse ?

— Votre Majesté ne peut ignorer que les branches cadettes de la maison de Saxe ont toujours suivi l'exemple de l'électeur : or, la politique du prince l'ayant engagé à s'allier avec la Prusse plutôt qu'avec l'Autriche, le duc n'a pu se dispenser d'imiter le chef de sa maison.

La conversation roula encore quelque temps sur le même sujet; la duchesse continua à montrer autant de ressources dans l'esprit que d'élévation dans l'âme ; enfin Napoléon s'écria en se levant :

— Madame, vous êtes la femme la plus respectable que j'aie jamais connue, vous avez sauvé votre mari. Je lui pardonne ; mais c'est à vous seule qu'il le doit.

En même temps il ordonna de faire cesser le pillage dans la ville, et l'ordre y fut rétabli en un instant. Quelque temps après, il signa un traité qui lui assurait l'existence du duché de Weymar, et il donna ordre au courrier, qui en était porteur, de le présenter à la duchesse.

Depuis qu'il est devenu à la mode de refuser toute espèce de talent, toute espèce de mérite à un homme qui, bien certainement, a conçu et exécuté des choses étonnantes, on a cherché à le priver de la gloire même de ses actions les plus éclatantes ; par exemple, on a dit que le fameux passage du pont de ~~Lodi~~ Arcole n'était pas un acte de bravoure, mais une ruse de guerre qui lui avait réussi ; que le drapeau qu'il tenait en main, lorsqu'il se précipita sur ce pont, était presque blanc et que les ennemis, le prenant pour un parlementaire, avaient fait cesser le feu pendant son passage. Pouvait-on imaginer une fable plus absurde ? Il faudrait supposer que les ennemis étaient fous ou frappés d'aveuglement pour croire qu'ils aient pu prendre pour un parlementaire un militaire qui marchait vers eux, non pas seul, non pas escorté de quelques hommes, mais suivi de troupes nombreuses qui occupaient toute la largeur du pont et qui avançaient au pas de charge.

Certains comme Thiébault ment le fait (Mémoires II) du passage du pont d'Arcole

Parmi les reproches qu'on a faits à Napoléon, on n'a pas oublié sa réponse au Corps législatif au commencement du mois de janvier 1814 :

— Dans trois mois, avait-il dit, nous aurons la paix, l'ennemi sera chassé ou je serai mort.

Pourquoi ne s'est-il pas fait tuer? disent certaines personnes. Peut-être ne l'a-t-il pas pu; tous les militaires qui se sont trouvés près de lui dans les environs de Troyes affirment qu'il s'exposait de manière à faire croire qu'il cherchait la mort[1]. Mais voici un fait moins connu. Dans les divers combats qui eurent lieu autour de Brienne, l'Empereur, fatigué de la résistance qu'il éprouvait, se mit à la tête d'un escadron de chasseurs et se porta à l'avant-garde, où il chargea pendant deux heures au milieu d'une grêle de balles. Je connais un jeune homme qui m'a assuré que lui et quelques autres jeunes gens avaient vu tirer à Brienne plus de vingt coups de fusil sur Napoléon sans qu'aucun l'ait atteint; toute sa

---

1. *Peut-être n'a-t-il pas pu;* au lieu de ces deux mots, il faudrait dire avec plus de vérité : *la mort ne voulait pas de lui.* C'est ce qu'il a lui-même dit à Fontainebleau.

suite fit l'impossible pour lui faire quitter ce poste dangereux sans pouvoir y réussir; il paraît qu'il cherchait à terminer sa vie. Il eût été heureux pour lui et pour la France qu'il eût péri dans les plaines de la Champagne; nous n'eussions pas vu les *Cent-Jours* et les désastres qui les ont suivis; lui-même n'aurait pas éprouvé une captivité et des humiliations auxquelles la mort aurait été préférable.

Pour terminer tout ce qui est relatif à Napoléon, je dirai un mot sur son départ pour Sainte-Hélène. Arrivé à Rochefort, il espérait encore s'embarquer librement pour l'Amérique; on le lui avait laissé croire; mais il trouva les vaisseaux anglais prêts à s'opposer à son passage. Il y avait dans le port un brick danois dont le capitaine avait épousé une Française; touché de sa grande infortune, il vint le trouver et s'engagea à le conduire aux États-Unis s'il voulait se confier à sa fidélité; il lui dit qu'il avait dans son bâtiment une cachette introuvable; mais qu'elle ne pouvait contenir qu'un seul homme et quelques effets; qu'il lui engageait sa parole d'honneur qu'il y serait à l'abri de toute recherche. On assure que

Napoléon fut près d'accepter cette offre; mais que les personnes qui l'accompagnaient, craignant que ce ne fût un piège, firent tout au monde pour l'en empêcher. Napoléon crut à l'honneur et à la générosité du gouvernement anglais : tout le monde sait comment il fut traité.

La captivité de Napoléon à Sainte-Hélène, les tortures de tout genre que lui ont fait subir les souverains pour se venger de ses victoires et de la hauteur où il avait porté le nom français, la lâche perfidie du gouvernement anglais, tous ces supplices infligés au grand homme ont fait oublier les torts de son ambition. Tous les cœurs généreux se sont émus en sa faveur. On plaignait le héros luttant contre un misérable gouverneur, agent implacable du ministère anglais. On plaignait l'époux, le père séparé à jamais, non seulement de sa femme et de son fils, mais encore de sa mère, de ses sœurs dont il était chéri, et auxquelles on avait refusé la permission d'aller le rejoindre. En fallait-il davantage pour ranimer dans le cœur des Français l'amour pour Napoléon et la haine pour ses oppresseurs ? Sa mort ne fit qu'augmenter ces deux sentiments.

Il n'existe aucun fait dans l'histoire, comparable à l'ovation que ses cendres ont reçue à leur arrivée. Toute la France se portait en masse sur la route que devait parcourir un cercueil, le suivant avec enthousiasme, le saluant de ses cris jusqu'au moment de son arrivée aux Invalides où, pendant plusieurs années, la foule n'a pas cessé de se porter pour voir son tombeau ; lui seul a obtenu après sa mort un pareil triomphe. Honneur en soit rendu à celui qui a réclamé ses cendres et à celui qui les a ramenées en France !

MÉLANGES

DÉTAILS SUR L'INSTITUTION
DES MAISONS D'ÉCOUEN ET DE SAINT-DENIS,
FONDÉES PAR NAPOLÉON EN 1807

Je vais terminer ce petit ouvrage par des détails sur les maisons instituées pour les filles des membres de la Légion d'honneur; ils pourront intéresser beaucoup de familles.

De tous les établissements fondés par l'Empereur, celui de la Légion d'honneur doit tenir le premier rang : par lui il s'attacha le militaire et le civil. L'espoir de la croix et d'une dotation lui dévoua tous ceux qui avaient de l'ambition et qui désiraient des revenus; il mit le comble à cette faveur, en créant, pour leurs filles, des maisons d'éducation, où elles furent d'abord admises gratuitement. Il désigna, pour cet objet, le château d'Écouen et l'abbaye de Saint-Denis. Le premier, situé à cinq lieues de Paris, sur une crête élevée qui domine tous les environs, fut bâti par le fameux connétable de Montmorency qui, brouillé pour lors avec la cour, fit élever une butte de toutes les terres qu'on retira des fondations. Afin de ne pas voir la capitale, il fit planter des arbres, qui, avec le temps, cachèrent entièrement le château du côté qui est situé au midi. Les personnes qui s'y rendent de Paris sont obligées de traverser ce bois, et arrivent à la porte du château sans l'avoir aperçu; mais rien n'est beau comme la vue des trois autres côtés. La terrasse du nord offre un horizon immense; on distingue, à la simple vue, vingt-cinq à trente villages, dans les positions les plus agréables. L'œil se repose sur les coteaux qui bornent la vue à une grande distance, et qui cachent Chantilly. Au pied de la terrasse est le village d'Écouen, et la route qui se prolonge au levant, où une autre terrasse offre encore les points de vue les plus admirables. Le paysage est parsemé de bouquets de bois qui font l'effet le plus pittoresque.

Enfin la terrasse du couchant, avec quarante arpents de bois, destinés aux récréations des élèves, présente, dans l'éloignement, Montmorency et tous les coteaux qui en entourent la vallée.

Ce château appartenait au prince de Condé à qui il a été rendu. Dans la Révolution, il servit de prison, d'hôpital, et enfin fut destiné à une maison d'éducation. Tout le monde sait que les vitraux de la chapelle, objet précieux sous le rapport de l'antiquité, ont été ôtés et transportés au musée des Petits-Augustins. On y mit les ouvriers, et il se trouva prêt dans le mois de septembre 1807.

La reine Hortense fut nommée protectrice des maisons d'Écouen et de Saint-Denis; elles furent mises sous l'inspection de M. le comte de Lacépède, grand chancelier de la Légion d'honneur : madame Campan fut désignée pour directrice de celle d'Écouen. Elle quitta sa maison de Saint-Germain pour venir organiser ce nouvel établissement; elle avait tout ce qu'il fallait pour réussir : la connaissance de l'administration d'une grande maison, celle de la tenue des classes, l'habitude de commander, chose essentielle, lorsqu'il faut gouverner cinquante femmes, sur lesquelles on n'a que l'autorité des procédés (car les nominations étaient faites par le grand chancelier). Ajoutez à cela beaucoup d'esprit et d'instruction, le ton de la meilleure compagnie, enfin tout ce qu'il fallait pour la place où elle était appelée.

On nomma, pour la seconder, des dames qui furent divisées en première et seconde classe. On attacha les unes à la surveillance, d'autres à l'instruction ; une fit la dépense et fut nommée économe ; une autre tint l'argent, et fut trésorière ; et, par la suite, il y eut une inspectrice qui fut chargée de surveiller toutes les classes. Le linge fut confié à une dame, on donna la confection des robes à une autre, la même eut en dépôt toute la mercerie et les souliers ; enfin une troisième dépositaire reçut les fruits, légumes, etc.

Toutes ces dames furent de première classe, excepté la dernière, qui ne fut que de deuxième. Cette dernière était formée en général de jeunes personnes dont plusieurs étaient filles ou nièces des premières; elles furent attachées à l'instruction.

L'Empereur rédigea lui-même le règlement de cette maison; il voulut que les élèves fussent élevées de manière à être dans le monde des femmes estimables, instruites et agréables; il ordonna qu'elles reçussent des leçons de lecture, d'écriture, de calcul, d'histoires sainte et profane, de géographie et de langue française; il y ajouta des leçons de dessin, de musique, de langues anglaise et italienne; enfin, il exigea que les élèves fissent tout ce dont elles auraient besoin, depuis les bas, les chemises, jusqu'aux robes : on y joignit la broderie dans tous les genres, ainsi que la tapisserie.

Deux cent cinquante élèves entrèrent successivement; elles furent partagées en six divisions, dont chacune le fut encore en deux pour former des sous-divisions. Chaque classe, d'environ vingt à vingt-cinq élèves, fut dirigée par deux dames surveillantes; ces dames étaient presque toutes des personnes qui avaient vécu dans la haute société; elles s'occupaient du ton et de la tenue des élèves; les institutrices, en partie filles ou nièces des premières dames, étaient toutes jeunes et de deuxième classe, et venaient à différentes heures donner leurs leçons.

Les élèves se levaient à sept heures l'hiver et à six l'été ; elles avaient une heure pour s'habiller, faire leurs lits (les bonnes faisaient ceux des petites), ensuite elles descendaient à la classe, où la dame qui les accompagnait leur faisait dire la prière ; on allait ensuite à la messe, de là au déjeuner ; on jouait ensuite. A dix heures, l'entrée en classe. On interrompait l'étude à midi, pour manger un morceau de pain ; on la reprenait ensuite jusqu'à trois heures. Venaient alors le dîner et la récréation. A cinq heures, l'ouvrage jusqu'à sept heures, la récréation jusqu'à huit, et alors le souper, la prière et le coucher, qui devaient être terminés à neuf heures. Jamais les élèves n'étaient seules, ni le jour ni la nuit ; les dames surveillantes ne les quittaient pas un moment ; elles couchaient près d'elles dans les dortoirs, où d'autres dames faisaient encore des rondes de nuit.

Les soins de propreté, de tenue, étaient très

multipliés. Toutes les semaines, les élèves prenaient des bains de pieds, et l'été, des bains entiers. Une coiffeuse venait chaque mois leur couper et arranger leurs cheveux; enfin elles avaient les soins qu'elles eussent pu trouver dans une famille très aisée.

La nourriture consistait en fruit ou laitage, le matin. De la soupe, du bœuf, une entrée ou du rôti, des légumes ou de la salade formaient le dîner; on donnait le soir un potage au lait, du fruit cuit ou des légumes. Les aliments étaient bons, bien choisis et bien accommodés.

Les élèves avaient un uniforme qui, d'abord, fut de serge blanche, et qui, ensuite, fut changé contre la couleur puce, comme étant moins salissante. Elles avaient un tablier noir, une capote de percale écrue l'été et une petite toque de velours noir l'hiver. Beaucoup n'étaient pas jolies; presque toutes le paraissaient, parce qu'une grande réunion de jeunes personnes habillées de même, pour peu que le costume soit agréable, leur prête infiniment de charme.

Les dames de première classe étaient veuves ou demoiselles; les femmes qui avaient un mari, ne vécussent-elles pas avec lui, ne pouvaient être admises; toutes ces dames avaient reçu de l'éducation et avaient le ton de la bonne société. Plusieurs étaient bien nées; en général, les choix étaient bons; il y en eut quelques-uns de médiocres, et deux ou trois mauvais.

Les dames avaient aussi un uniforme; il était gros bleu en soie, et en général trop élégant pour des femmes destinées à la retraite.

Six aumôniers étaient chargés de l'instruction; tous les dimanches il y avait une grande messe et des vêpres qui étaient chantées par les élèves de la manière la plus agréable.

Au bout de cinq mois, l'Empereur vint visiter cette maison; il en parut très content; il donna le titre de dignitaires à toutes les dépositaires, faveur qui blessa les dames de première classe. Si ce titre eût été donné à la trésorière, à l'inspectrice, à l'économe, on aurait trouvé cela naturel, mais il parut ridicule d'en voir décorer celle qui donnait le linge, qui faisait faire les robes, et qui distribuait les légumes. Les appointements des dignitaires furent fixés à 2,000 livres. Les dames de première classe eurent 1,200 livres, celles de deuxième classe 600 livres; il fut accordé 300 livres à des femmes qui travaillaient soit à la lingerie, soit à la broderie; on les nommait *aides*.

On doit juger que la jalousie excitée par le titre de dignitaire et par la différence du traitement qui était presque du double, produisit une séparation entre les favorisées et celles qui ne l'étaient pas. On crut que madame Campan avait contribué à cette nomination. Ce fut l'origine de l'éloignement que plusieurs dames éprouvèrent pour elle.

Cette dame avait une grande quantité d'ennemis, dont les propos et les calomnies sur sa pension de Saint-Germain furent répandus par toute la France. Ces ennemis la suivirent à Écouen. On pouvait les diviser en trois classes. La première venait de la différence d'opinion; la seconde, de l'envie et de la jalousie qu'inspirait la faveur dont elle jouissait; la troisième enfin se composait de jeunes femmes qui, n'ayant pas été élevées chez elle, dépréciaient et dénigraient les jeunes personnes qui en sortaient.

En général, les élèves de madame Campan apportèrent, dans la société, de l'instruction, de la grâce, de la politesse et des talents. Beaucoup se sont très bien conduites. Si, malheureusement, deux ou trois ont fait parler d'elles, c'est bien peu pour le grand nombre sorti de chez cette dame ; mais on sait que, dans le monde, une femme dont la conduite est légère, fait beaucoup de bruit : on en parle, les jeunes gens s'y intéressent par les espérances qu'elle leur donne; tandis que les femmes sages et vertueuses restent oubliées : personne n'a d'intérêt à s'occuper d'elles, que leurs familles, qui ordinairement jouissent de leur bonheur sans en parler.

Écouen éprouva, dans l'origine, le sort de la pension de Saint-Germain ; on disait que cette dernière maison avait été le sérail de l'Empereur, et qu'il en serait de même d'Écouen. Il était impossible de dire une chose plus absurde. Dans l'espace de six ans, l'Empereur a été trois fois à Écouen, les deux dernières fois avec Marie-Louise. Il est certain qu'il protégeait hautement cet établissement; il le devait, ne fût-ce que par politique. Cette maison renfermait beaucoup de veuves dont les maris s'étaient fait tuer sous ses yeux, et une grande quantité d'orphelines à qui il ne restait que sa protection.

Ce fut pour donner la preuve de l'intérêt qu'il prenait à elle, qu'il demanda quatre dames, filles ou veuves de généraux, pour être attachées, lors de son second mariage, à la nouvelle Impératrice : au bout d'un an, elles furent portées à six, et ce furent deux élèves qui vinrent compléter ce nombre. On a vu, dans le cours de ces souvenirs, la manière dont elles étaient placées. Je n'ajouterai qu'un mot, c'est que ces jeunes personnes tinrent la conduite la plus sage et la plus prudente, quoiqu'elles n'eussent aucun usage du monde.

La reine Hortense et la reine de Naples d'alors avaient fondé à Écouen quatre pot-au-feu en faveur de vingt pauvres. Napoléon avait ordonné que ce seraient les grandes élèves qui seraient chargées de faire cette soupe ; en conséquence de cet ordre, on remettait à deux élèves la viande et les légumes nécessaires, et chacune, un tablier de cuisine devant elle, après avoir mis la marmite devant le feu, ratissait les légumes, les lavait et les mettait avec la viande. Lorsque la soupe était faite, elles en trempaient vingt dans des vases destinés à cet objet ; elles découpaient le bœuf qu'elles partageaient, ainsi que les légumes, aux vingt pauvres présents.

J'ajouterai que les grandes élèves étaient aussi chargées d'avoir soin des petites; elles en avaient une qu'elles appelaient leur fille; elles l'habillaient, la peignaient, la lavaient et avaient pour elle mille attentions. Une fille était une récompense accordée aux plus douces et aux plus raisonnables, et dont on privait celle qui ne remplissait pas les devoirs de petite maman.

Lorsque l'Empereur vint pour la première fois à Écouen, on lui présenta six grandes élèves : à chacune d'elles il accorda quatre cents francs de pension. On ne manqua pas de dire que madame Campan avait choisi les plus jolies. Je puis affirmer que, dans ce nombre, il y en avait de laides, et plus de passables que de jolies; elles avaient mérité cette récompense par leur bonne conduite et leur application ; et cette faveur était bien moindre que celle des élèves de Saint-Cyr, à qui Louis XIV faisait donner mille écus à leur sortie.

Il eût été à désirer que madame Campan se fût servie de son influence pour faire d'Écouen une maison fermée, dont on n'aurait pu sortir que pour des causes majeures. Les dames et les élèves étaient continuellement à Paris ; c'est un tort que j'ai souvent entendu reprocher à cette maison.

Au bout de deux ans, on prit des dames pour former la maison de Saint-Denis ; l'inspectrice fut nommée surintendante ; d'autres dames, dignitaires. Chacune voulait passer dans la nouvelle maison, dans l'espoir d'avancer, et aussi pour changer de place. Quelques-unes, mal avec madame Campan, voulurent essayer d'un autre chef : plus de la moitié d'Écouen passa à Saint-Denis.

La nouvelle surintendante était parfaitement au fait de ses fonctions ; elle était très bonne, fort douce, mais loin d'avoir la fermeté nécessaire pour sa place. Chacun voulait la conduire, la conseiller ; heureusement pour elle que M. de Lacépède voulût bien la diriger, sans cela elle eût difficilement conduit les femmes qui l'entouraient, dont une grande partie abusa de ses bontés pour lui causer mille chagrins, qu'elle n'avait ni mérités ni provoqués.

Ces maisons avaient été formées à l'instar de Saint-Cyr, sans cependant en avoir tout le mérite. Louis XIV n'admit à Saint-Cyr que des enfants de dix à douze ans, à une époque où l'enfance était bien plus longue qu'elle ne l'est aujourd'hui. Napoléon, qui voulait voir de suite le résultat de sa création, nomma des élèves de cinq à dix-huit ans. Qu'en résulta-t-il? c'est qu'une partie de ces grandes personnes, qui avaient déjà passé un an ou deux dans le monde, s'ennuyèrent mortellement à Écouen; elles regrettaient les bals, les spectacles, dont elles ne cessaient de parler à leurs compagnes.

Elles sortaient au bout de six mois ou d'un an, prenant dans le monde, bien gratuitement, le titre d'élèves de la maison d'Écouen. Il faut six à huit ans pour faire une éducation. Tout le monde conviendra qu'elles étaient tout à fait étrangères à cet établissement où les parents ne les avaient placées que pour faire la cour à l'Empereur, et dans l'espoir de leur faire faire un bon mariage.

Depuis que Madame, duchesse d'Angoulême, a daigné prendre sous sa protection la maison de Saint-Denis, elle a fait les réformes les plus utiles. Les élèves et les dames ne sortent que pour des causes majeures : le costume est noir au lieu d'être bleu, ce qui est beaucoup plus convenable pour des femmes dont la mise doit avoir quelque chose d'austère. On ne reçoit plus d'élèves au-dessus de douze ans; enfin cette maison a acquis dans le monde le respect et la considération qu'on doit à sa régularité.

Au retour du roi, les élèves d'Écouen furent envoyées à Saint-Denis dont le local, qui peut contenir cinq cents élèves, est remarquable par sa grandeur et son étendue; rien de plus beau que ses dortoirs, ils sont tenus avec un soin, une propreté qui existaient à Écouen, mais qu'on remarque davantage à Saint-Denis, où tout est grand, vaste et commode; il y a de l'eau partout, tandis qu'à Écouen, on était obligé de venir chercher de l'eau à Saint-Denis pour la consommation de la maison.

D'autres établissements, également pour les filles des légionnaires, furent mis sous la direction de madame de Lezeau et conduits par des religieuses très instruites. Ces établissements devaient être au nombre de quatre, mais deux seuls furent établis avant la chute de l'Empereur; l'un situé rue Barbette et l'autre aux Loges, près Saint-Germain.

L'éducation qu'on donnait à ces jeunes personnes était moins brillante, mais aussi utile que celle qu'on recevait à Saint-Denis; destinée à de jeunes personnes sans fortune, on les mettait à même, par leur instruction, de se faire un sort.

Les filles des chevaliers de Saint-Louis sont admises aujourd'hui concurremment avec les filles des légionnaires dans les différentes maisons de la Légion; par la suite, il paraît que Saint-Denis n'aura que les filles des officiers supérieurs. Il est assez juste de donner à chaque jeune personne l'éducation la plus appropriée à sa fortune et à la position qu'elle aura dans le monde.

Dans les autres maisons de la Légion, dirigées par madame de Lezeau, les jeunes personnes y sont élevées avec le même soin qu'à Saint-Denis ; la règle y est un peu plus sévère ; à instruction et connaissances égales, les religieuses ont sur les autres femmes un grand avantage pour être craintes et respectées de leurs élèves. L'imagination des enfants agit avec force : comment veut-on qu'ils ne soient pas frappés, en voyant des femmes réunies pour prier et instruire la jeunesse, qui, par leurs vœux, renoncent à toutes les affections de famille et se soumettent avec humilité aux ordres de leurs supérieures, qui sont douces et patientes avec les élèves, et dont le costume enfin, si austère et si loin de nos modes, frappe avec plus de force lorsqu'il couvre une jeune et belle personne ; dès qu'on la voit, une sorte de respect, d'intérêt, s'attache à elle : on pense à tous les sacrifices qu'elle a faits ; on la plaint, et chaque enfant est déjà disposé à l'aimer et à la respecter avant de savoir si elle le mérite ou non, avantage inappréciable sur les autres personnes chargées de l'éducation.

PIÈCES JUSTIFICATIVES

N° I

RAPPORT FAIT AU CORPS LÉGISLATIF,
AU NOM DE SA COMMISSION EXTRAORDINAIRE,
LE 28 DÉCEMBRE 1813

Messieurs,

La commission extraordinaire que vous avez nommée, en vertu du décret de l'Empereur du 20 décembre 1813, vient vous présenter le rapport que vous attendez dans ces graves circonstances.

Ce n'est pas à la commission seulement, c'est au Corps législatif en entier à exprimer les sentiments qu'inspire la communication, ordonnée par Sa Majesté, des pièces originales du portefeuille des affaires étrangères. Cette communication a eu lieu, Messieurs, sous la présidence de Son Altesse Sérénissime l'archichancelier de l'Empire. Les pièces qu'on a mises sous nos yeux sont au nombre de neuf.

Parmi ces pièces se trouvent des notes du ministre de France et du ministre d'Autriche, qui remontent aux 18 et 21 août.

On y trouve le discours prononcé par le régent, le 5 septembre, au parlement d'Angleterre. Il y disait :

« Il n'est ni dans les intentions de Sa Majesté, ni dans celles des puissances alliées, de demander à la France aucun sacrifice qui puisse être incompatible avec son honneur et ses justes droits. »

La négociation actuelle pour la paix commence au 10 novembre dernier : elle s'engagea par l'entremise du ministre de France en Allemagne. Témoin d'un entretien entre les ministres d'Autriche et d'Angleterre, il fut chargé de rapporter en France des paroles de paix, et de faire connaître les bases générales et sommaires, sur lesquelles la paix pouvait se négocier.

Le ministre des relations extérieures, M. le duc de Bassano, a répondu, le 16, à cette communication du ministre d'Autriche. Il a déclaré qu'une paix fondée sur la base de l'indépendance générale des nations, tant sur terre que sur mer, était l'objet des désirs et de la politique de l'Empereur; en conséquence, il proposait la réunion d'un congrès à Manheim.

Le ministre d'Autriche répondit, le 23 novembre, que Leurs Majestés Impériales et le roi de Prusse étaient prêtes à négocier, dès qu'elles auraient la certitude que l'Empereur des Français admettait les bases générales et sommaires précédemment communiquées.

Les puissances trouvaient que les principes contenus dans la lettre du 16, quoique généralement partagés par tous les gouvernements de l'Europe, ne pouvaient tenir lieu de bases.

Dès le 2 décembre, le ministre des relations extérieures, M. le duc de Bassano, donna la certitude désirée.

En rappelant les principes généraux de la lettre du 16, il annonce avec une vive satisfaction que Sa Majesté l'Empereur adhérait aux bases proposées, qu'elles entraîneraient de grands sacrifices de la part de la France, mais qu'elle les ferait sans regrets pour donner la paix à l'Europe.

A cette lettre, le ministre d'Autriche répondit, le 10 décembre, que Leurs Majestés avaient reconnu avec satisfaction que l'Empereur avait adopté des bases essentielles de l'équilibre et de la tranquillité de l'Europe, qu'elles ont voulu que cette pièce fût communiquée à leurs alliés, et qu'elles ne doutaient pas que les négociations ne pussent s'ouvrir immédiatement après leurs réponses.

C'est à cette dernière pièce que, d'après les communications qui nous ont été faites, s'arrête la négociation.

C'est là qu'il est permis d'espérer qu'elle reprendra son cours naturel, lorsque le retard exigé par une communication plus éloignée aura cessé : c'est donc sur ces deux pièces que peuvent reposer nos espérances.

Pendant que cette correspondance avait lieu entre les ministres respectifs, on a imprimé, dans la *Gazette de Francfort,* mise sous les yeux de votre commission, en vertu de la lettre close de Sa Majesté, une déclaration des puissances coalisées, en date du 1er décembre, où l'on remarque entre autres choses le passage suivant :

« Les souverains alliés désirent que la France soit grande, forte et heureuse, parce que la puissance française, grande, est une des bases fondamentales de l'édifice social. Ils désirent que la France soit heureuse, que le commerce français renaisse, que les arts, bienfait de la paix, refleurissent, parce qu'un grand peuple ne saurait rester tranquille qu'autant qu'il est heureux. Les puissances confirment à l'Empire français une étendue de territoire que n'a jamais connue la France sous ses rois, parce qu'une nation valeureuse ne déchoit pas pour avoir, à son tour, éprouvé des revers dans une lutte opiniâtre et sanglante, où elle a combattu avec son intrépidité accoutumée. »

Il résulte de ces pièces que toutes les puissances belligérantes ont exprimé hautement le désir de la paix.

Vous y avez remarqué surtout que l'Empereur a manifesté la résolution de faire de grands sacrifices, qu'il a accédé aux bases générales et sommaires proposées par les puissances coalisées elles-mêmes.

L'anxiété la plus patriotique n'a pas besoin de connaître encore ces bases générales et sommaires.

Sans chercher à pénétrer dans le secret des cabinets, lorsqu'il est inutile de le connaître pour le but qu'on veut atteindre, ne suffit-il pas de savoir que ces bases ne sont que les conditions désirées pour l'ouverture d'un congrès? Ne suffit-il pas de remarquer que ces conditions ont été proposées par les puissances coalisées elles-mêmes et d'être convaincu que Sa Majesté a pleinement adhéré aux bases nécessaires à l'ouverture d'un congrès, dans lequel se discutent ensuite tous les droits, tous les intérêts? Le ministre d'Autriche a d'ailleurs reconnu lui-même que l'Empereur avait adopté des bases essentielles au rétablissement de l'équilibre de l'Europe, et par conséquent l'adhésion de Sa Majesté à ces bases a été un grand pas vers la pacification du monde.

D'après les dispositions constitutionnelles, c'est au Corps législatif qu'il appartient d'exprimer les sentiments qu'elles font naître : car l'art. 30 du sénatus-consulte du 18 frimaire an XII porte :

« Le Corps législatif, toutes les fois que le gouvernement lui aura fait une communication qui aura un autre objet que le vote de la loi, se formera en comité général pour délibérer sa réponse. »

Comme le Corps législatif attend de sa commission des réflexions propres à préparer une réponse digne de la nation française et de l'Empereur, nous nous permettons de vous exprimer quelques-uns de nos sentiments.

Le premier est celui de la reconnaissance pour une communication qui appelle en ce moment le Corps législatif à prendre connaissance des intérêts politiques de l'État.

On éprouve un sentiment d'espérance, au milieu des désastres de la guerre, en voyant les rois et les nations prononcer à l'envi le nom de paix.

Les déclarations solennelles et réitérées des puissances belligérantes s'accordent, en effet, Messieurs, avec le vœu universel de la France pour la paix, avec ce vœu si généralement exprimé autour de chacun de nous dans son département et dont le Corps législatif est l'organe naturel.

D'après les bases générales contenues dans les déclarations, les vœux de l'humanité pour une paix honorable et solide sembleraient pouvoir bientôt se réaliser. Elle serait honorable, car, pour les nations comme pour les individus, l'honneur est dans le maintien de ses droits et dans le respect de ceux des autres. Cette paix serait solide, car la véritable garantie de la paix est dans l'intérêt qu'ont toutes les puissances contractantes d'y rester fidèles.

Qui peut donc en retarder les bienfaits ? Les puissances coalisées rendent à l'Empereur l'éclatant témoignage qu'il a adopté des bases essentielles au rétablissement de l'équilibre et de la tranquilité de l'Europe.

Nous avons pour premier garant de ses desseins pacifiques, et cette adversité, véritable conseillère des rois, et le besoin des peuples hautement exprimé, et l'intérêt même de la couronne.

A ces garanties, peut-être croirez-vous utile de supplier Sa Majesté d'ajouter une garantie plus solennelle encore.

Si les déclarations des puissances étrangères étaient fallacieuses ; si elles voulaient nous asservir ;

si elles méditaient le déchirement du territoire sacré de la France, il faudrait, pour empêcher notre patrie d'être la proie de l'étranger, rendre la guerre nationale : mais, pour opérer plus sûrement le beau mouvement qui sauve les empires, n'est-il pas nécessaire d'unir étroitement et la nation et son monarque?

C'est un besoin d'imposer silence aux ennemis sur leurs accusations d'agrandissement, de conquêtes, de prépondérance alarmante. Puisque les puissances coalisées ont cru devoir assurer les nations par des protestations publiquement proclamées, n'est-il pas digne de Sa Majesté de les éclairer par des déclarations solennelles sur les desseins de la France et de l'Empereur?

Lorsque ce prince, à qui l'histoire a conservé le nom de Grand, voulut rendre l'énergie à ses peuples, il leur révéla tout ce qu'il avait fait pour la paix, et ses hautes confidences ne furent pas sans effet.

Afin d'empêcher les puissances coalisées d'accuser la France et l'Empereur de vouloir conserver un territoire trop étendu dont elles semblent craindre la prépondérance, n'y aurait-il pas une véritable grandeur à les désabuser par une déclaration formelle?

Il ne nous appartient pas, sans doute, d'inspirer

des paroles qui retentiraient dans l'univers; mais, pour que cette déclaration eût une influence utile sur les puissances étrangères, pour qu'elle fît sur la France l'impression espérée, ne serait-il pas à désirer qu'elle proclamât à l'Europe et à la France la promesse de ne continuer la guerre que pour l'indépendance du peuple français et l'intégrité de son territoire?

Cette déclaration n'aurait-elle pas dans l'Europe une irrécusable autorité?

Lorsque Sa Majesté aurait ainsi, en son nom et en celui de la France, répondu à la déclaration des alliés, on verrait, d'une part, les puissances qui protestent qu'elles ne veulent pas s'approprier un territoire par elle reconnu nécessaire à l'équilibre de l'Europe, et de l'autre un monarque qui se déclarerait animé de la seule volonté de défendre ce même territoire.

Que si l'Empire français restait seul fidèle à ces principes libéraux, que les chefs des nations de l'Europe auraient pourtant tous proclamés, la France alors, forcée par l'obstination des ennemis à une guerre de nation et d'indépendance, à une guerre reconnue juste et nécessaire, saurait déployer, pour le maintien de ses droits, l'énergie, l'union et la persévérance dont elle a donné d'assez éclatants exemples. Unanime dans son vœu pour obtenir la paix, elle le sera dans ses efforts pour la conquérir et elle montrera encore au monde qu'une grande nation peut tout ce qu'elle veut, lorsqu'elle ne veut que ce qu'exigent son honneur et ses justes droits.

La déclaration que nous osons espérer captiverait l'intention des puissances qui rendent hommage à la valeur française; mais ce n'est pas assez pour ramener le peuple lui-même et le mettre en état de défense.

C'est, d'après les lois, au gouvernement à proposer les moyens qu'il croira les plus prompts et les plus sûrs pour repousser l'ennemi et asseoir la paix sur des bases durables.

Ces moyens seront efficaces, si les Français sont persuadés que le gouvernement n'aspire plus qu'à la gloire de la paix; ils le seront, si les Français sont convaincus que leur sang ne sera versé que pour défendre une patrie et des lois protectrices; mais ces mots consolateurs de *paix* et de *patrie* retentiraient en vain, si l'on ne garantit les institutions que promettent les bienfaits de l'une et de l'autre.

Il paraît donc indispensable à votre commission qu'en même temps que le gouvernement proposera les mesures les plus promptes pour la sûreté de l'État, Sa Majesté soit suppliée de maintenir l'entière et constante éxécution des lois qui garantissent aux Français les droits de la liberté, de la sécurité, de la propriété, et à la nation le libre exercice de ses droits politiques. Cette garantie a paru à votre commission le plus efficace moyen de rendre aux Français l'énergie nécessaire à leur propre défense.

Ces idées ont été suggérées à votre commission par le désir et le besoin de lier intimement le trône à la nation, afin de réunir les efforts contre l'anarchie arbitraire et les ennemis de notre patrie.

Votre commission a dû se borner à vous présenter les réflexions qui lui ont paru propres à préparer la réponse que les constitutions vous appellent à faire.

Comment la manifesterez-vous? La disposition constitutionnelle en détermine le mode : c'est en délibérant votre réponse en comité général, et, puisque le Corps législatif est appelé, tous les ans, à présenter une adresse à l'Empereur, vous croirez peut-être convenable d'exprimer par cette voie la réponse à la communication qui vous a été faite. Si la première pensée de Sa Majesté, dans de grandes circonstances, a été d'appeler autour du trône les députés de la nation, leur premier devoir n'est-il pas de répondre dignement à cette convocation, en portant au monarque la vérité et le vœu des peuples pour la paix[1] ?

N° II

DISCOURS ADRESSÉ PAR NAPOLÉON
A LA DÉPUTATION DU CORPS LÉGISLATIF
LE 1ᵉʳ JANVIER 1814

MESSIEURS,

Je vous avais réunis pour m'aider à faire le bien : vous avez trompé mon attente. Vous vous êtes laissés conduire par cinq factieux.

M. Lainé est un méchant homme; je sais qu'il est en relation avec le régent d'Angleterre, par l'intermédiaire de l'avocat de Sèze. M. Raynouard a dit que le général Masséna avait commis des actes vils et bas dans un château : il en a menti. L'imputation faite au général est une calomnie. Comment peut-on traiter ainsi un maréchal d'em-

[1]. L'Empereur a déclaré à Sainte-Hélène que cette pièce n'était pas exacte et, telle qu'elle était rapportée, qu'elle n'était pas raisonnable. Comme Napoléon n'a pas indiqué les passages qui n'étaient pas exacts, je rapporte la pièce avec son observation.

pire? Je sais comme on mène toutes les assemblées nombreuses : l'un se met dans ce coin-ci; l'autre, dans celui-là; et bientôt toute la masse suit l'impulsion qu'on lui a donnée.

Parmi vous, plus des onze douzièmes sont de braves gens, mais il s'y trouve aussi des intrigants, des agitateurs : je les connais. Il y a dans le Corps législatif des magistrats recommandables, des procureurs généraux, des juges, des maîtres des comptes, un envoyé extraordinaire aux États-Unis; mais l'intrigue a dicté vos choix. Dans la commission diplomatique, dans celle qui devait rédiger l'adresse, dans la commission des finances, ce sont toujours les mêmes hommes.

Le rapport de vos commissions m'a fait bien du mal; j'aimerais mieux avoir perdu deux batailles. A quoi tendait-il? à augmenter les prétentions de l'ennemi. Il voulait que je cédasse plus que l'ennemi n'exige. Si l'on me demandait la Champagne, il faudrait donc abandonner aussi la Brie? Oui, l'on désirait une déclaration franche de mes sentiments; je l'ai faite : nous ne combattrons plus pour faire ni conserver des conquêtes, mais pour délivrer la France.

S'il a été commis des abus, il fallait me les faire connaître, division par division. J'aurais mis mes commissaires en relation avec mes ministres; on aurait vérifié ces abus : nous aurions lavé notre linge sale en famille. Mais est-ce en présence de l'ennemi qu'on doit faire des remontrances ? Le but était de m'humilier. On a voulu me barbouiller le visage : on peut me tuer, mais on ne me déshonorera point.

Je ne suis pas né parmi les rois ; je ne tiens pas au trône. Qu'est-ce qu'un trône ? quatre morceaux de bois dorés, couverts d'un tapis de velours. Mille chagrins environnent les trônes : mais, tant que j'y serai assis, j'en défendrai les droits. La nation a plus besoin de moi que je n'ai besoin d'elle.

Votre commission m'a plus humilié que les ennemis : elle a dit que l'adversité est la véridique conseillère des rois ; cette pensée est vraie ; mais l'application qu'on en fait est une lâcheté! Mes ennemis ne m'ont jamais reproché de n'être pas au-dessus de l'adversité : c'est joindre l'ironie à l'insulte.

Dans quatre mois, je publierai l'affreux rapport de votre commission : si l'on avise de le colporter en public, je le ferai imprimer dans le *Moniteur*, avec des notes de ma main.

Que prétendiez-vous faire? Nous reporter à la constitution de 1791? Je ne veux pas d'une constitution où je ne comprends rien. Si Louis XVI ne l'avait point acceptée, il régnerait encore.

Comptiez-vous sur les faubourgs Saint-Antoine et Saint-Marceau? Vouliez-vous imiter l'Assemblée législative? elle se laissa gouverner par les Girondins, les Vergniaux, les Guadet : que sont-ils devenus? ils sont dans le tombeau.

Qui êtes-vous pour réformer l'État? Vous croyez être les représentants de la nation? En Angleterre, les communes le sont, parce que c'est le peuple qui les nomme : chez nous la constitution n'est pas telle; ce n'est pas ma faute. Vous n'êtes que députés au Corps législatif. Le véritable représentant de la nation, c'est moi, que quatre millions de citoyens ont trois fois proclamé leur souverain. Le Sénat et le conseil d'État partagent avec moi, et avant vous, le pouvoir législatif: tous les pouvoirs se rattachent au trône, tout est dans le trône.

Je le répète, plus des onze douzièmes d'entre vous sont bons ; mais vous vous êtes laissés guider par des factieux. M. Laîné est un traître, j'aurai l'œil sur lui et sur les méchants, et je les réprimerai.

Retournez dans vos départements: je compte sur le bon esprit que vous y reporterez. Dites à vos concitoyens que les ressources de la France ne sont pas aussi épuisées qu'on le croit. Si j'éprouve encore des revers, j'attendrai mes ennemis dans les plaines de la Champagne: dans trois mois nous aurons la paix, les ennemis seront chassés ou je serai mort.

N° III

ACTE D'ABDICATION DE L'EMPEREUR NAPOLÉON

Les puissances alliées ayant proclamé que l'Empereur Napoléon était le seul obstacle au rétablissement de la paix en Europe, l'Empereur Napoléon, fidèle à son serment, déclare qu'il renonce, pour lui et ses héritiers, au trône de France et d'Italie ; et qu'il n'est aucun sacrifice personnel, même celui de la vie, qu'il ne soit prêt à faire à l'intérêt de la France.

Fait au palais de Fontainebleau, le 11 avril 1814.

Signé : NAPOLÉON.

Pour copie conforme,

Signé : DUPONT (de Nemours),
Secrétaire général du gouvernement provisoire [1].

---

1. J'ai ouï dire qu'après avoir accompli cette détermination, Napoléon montra le plus grand calme, la plus noble résignation, et qu'il parut comme soulagé d'un lourd fardeau.

N° IV

Voici le discours qu'il adressa, au moment de son départ, aux troupes de la vieille garde qui étaient restées près de lui.

Officiers, sous-officiers et soldats de ma vieille garde, je vous fais mes adieux.

Depuis vingt ans que je vous commande, je suis content de vous, je vous ai toujours trouvé sur le chemin de la gloire.

Les puissances alliées ont armé toute l'Europe contre moi : une partie de l'armée a trahi ses devoirs, et la France a cédé à des intérêts particuliers.

Avec vous et les braves qui me sont restés fidèles, j'aurais pu entretenir la guerre civile pendant trois ans ; mais la France eût été malheureuse, ce qui aurait été contraire au but que je me suis sans cesse proposé. Je devais donc sacrifier mon intérêt personnel à son bonheur : je l'ai fait.

Mes amis, soyez fidèles au nouveau souverain

Il s'entretint, quelques moments après, familièrement et comme un simple citoyen, avec les officiers généraux de sa cour, des suites de la révolution, comme si elle lui avait été étrangère, et leur fit une longue allocution pleine de sentiments généreux.

que la France vient de se choisir ; n'abandonnez pas cette chère patrie trop longtemps malheureuse. Ne plaignez point mon sort ; je serai toujours heureux quand je saurai que vous l'êtes. J'aurais pu mourir, rien ne m'était plus facile ; mais non, je suivrai toujours le chemin de l'honneur, j'écrirai ce que nous avons fait !

Je ne puis vous embrasser tous, mais je vais embrasser votre chef. Venez, général (*il embrassa le général Petit*), qu'on m'apporte l'aigle (*et, en l'embrassant, il dit*). — Cher aigle, que ces baisers retentissent dans le cœur de tous les braves !

Adieu, mes enfants ! adieu, mes amis ! entourez-moi encore une fois !

N° V

Ce ne fut que pour contrebalancer, dans l'esprit de ses troupes, l'effet de l'*adresse du gouvernement provisoire à l'armée*, que Napoléon émit l'*ordre du jour suivant*, qui était daté du 4 avril 1814.

L'Empereur remercie l'armée pour l'attachement qu'elle lui témoigne, et principalement parce qu'elle reconnaît que la France est en lui, et non pas dans le peuple de la capitale. Le soldat suit la

fortune et l'infortune de son général, son honneur
et sa religion. Le duc de Raguse n'a pas inspiré
ces sentiments à ses compagnons d'armes. Il est
passé aux alliés. L'Empereur ne peut approuver
la condition sous laquelle il a fait cette démarche ;
il ne peut accepter la vie ni la liberté de la merci
d'un sujet. Le Sénat s'est permis de disposer du
gouvernement français ; il a oublié qu'il doit à
l'Empereur le pouvoir dont il abuse maintenant ;
que c'est lui qui a sauvé une partie de ses membres
de l'orage de la révolution, tiré de l'obscurité et
protégé l'autre contre la haine de la nation. Le
Sénat se fonde sur les articles de la Constitution
pour la renverser : il ne rougit pas de faire des
reproches à l'Empereur, sans remarquer que,
comme le premier corps de l'État, il a pris part à
tous les événements. Il est allé si loin, qu'il a osé
accuser l'Empereur d'avoir changé des actes dans
la publication ; le monde entier sait qu'il n'avait
pas besoin de tels artifices : un signe était un
ordre pour le Sénat qui toujours faisait plus qu'on
ne désirait de lui. L'Empereur a toujours été accessible aux sages remontrances de ses ministres, et
il attendait d'eux, dans cette circonstance, une
justification la plus indéfinie des mesures qu'il
avait prises. Si l'enthousiasme s'est mêlé dans les
adresses et discours publics, alors l'Empereur a

été trompé ; mais ceux qui ont tenu ce langage doivent s'attribuer à eux-mêmes la suite funeste de leurs flatteries. Le Sénat ne rougit pas de parler des libelles publiés contre les gouvernements étrangers ; il oublie qu'ils furent rédigés dans son sein. Si longtemps que la fortune s'est montrée fidèle à leur souverain, ces hommes sont restés fidèles, et nulle plainte n'a été entendue sur les abus du pouvoir : si l'Empereur avait méprisé les hommes, comme on le lui a reproché, alors le monde reconnaîtrait aujourd'hui qu'il a eu des raisons qui motivaient son mépris. Il tenait sa dignité de Dieu et de la nation ; eux seuls pouvaient l'en priver ; il l'a toujours considérée comme un fardeau ; et, lorsqu'il l'accepta, ce fut dans la conviction que lui seul était à même de la porter dignement. Son bonheur paraissait être sa destination ; aujourd'hui que la fortune s'est décidée contre lui, la volonté de la nation seule pourrait le persuader de rester plus longtemps sur le trône. S'il se doit considérer comme le seul obstacle à la paix, il fait volontiers le dernier sacrifice à la France : il a en conséquence envoyé le prince de la Moskowa et les ducs de Vicence et de Tarente à Paris, pour entamer des négociations. L'armée peut être certaine que son honneur ne sera jamais en contradiction avec le bonheur de la France.

N° VI

TRAITÉ ENTRE LES PUISSANCES ALLIÉES ET SA MAJESTÉ
L'EMPEREUR NAPOLÉON

ARTICLE PREMIER. — Sa Majesté l'Empereur Napoléon renonce pour lui, ses successeurs et descendants, ainsi que pour tous les membres de sa famille, à tout droit de souveraineté et de domination, tant sur l'empire français que sur le royaume d'Italie et tout autre pays.

ART. II. — Leurs Majestés l'Empereur Napoléon et Marie-Louise conserveront leurs titres et rang, pour en jouir pendant leur vie. La mère, les frères, sœurs, neveux et nièces de l'empereur, conserveront aussi, en quelque lieu qu'ils résident, les titres de princes de sa famille.

ART. III. — L'île d'Elbe, que l'Empereur Napoléon a choisie pour lieu de sa résidence, formera, pendant sa vie, une principauté séparée qu'il possédera en toute souveraineté et propriété. Il sera en outre accordé, en toute propriété, à l'Empereur Napoléon, un revenu annuel de deux millions de francs, qui sera porté, comme rente, sur le grand-livre de France, de laquelle somme un million sera reversible à l'Impératrice.

Art. IV. — Les duchés de Parme, de Plaisance et de Guastalla seront donnés en toute propriété et souveraineté à Sa Majesté l'Impératrice Marie-Louise; ils passeront à son fils et à ses descendants en ligne directe. Le prince, son fils, prendra, à l'avenir, le titre de prince de Parme, de Plaisance et de Guastalla.

Art. V. — Toutes les puissances s'engagent à employer leurs bons offices auprès des États barbaresques pour faire respecter le pavillon de l'île d'Elbe; et, à cet effet, les relations avec ces États seront assimilées à celles de la France.

Art. VI. — Il sera réservé, dans les territoires auxquels il est, par le présent, renoncé, à Sa Majesté l'Empereur Napoléon, pour lui et sa famille, des domaines ou des rentes sur le grand-livre de France, produisant un revenu, libre de toutes charges ou déductions, de deux millions cinq cent mille francs. Ces domaines ou rentes appartiendront, en toute propriété, aux princes ou princesses de sa famille, qui pourront en disposer comme ils le jugeront à propos. Ils seront partagés entre eux de manière à ce que chacun d'eux ait les revenus suivants :

Madame Mère, 300,000 francs ; le roi Joseph et

sa femme, 500,000 francs ; le roi Louis, 200,000 fr. ; la reine Hortense et ses enfants, 400,000 francs ; le roi Jérôme et sa femme, 500,000 francs ; la princesse Élisa (Bacciochi) 300,000 francs ; la princesse Pauline (Borghèse), 300,000 francs.

Les princes et princesses de la maison de l'Empereur Napoléon retiendront en outre leur propriété mobilière et immobilière, de quelque nature que ce soit, qu'ils posséderont par droit public et individuel, et les rentes dont ils jouiront aussi (comme individus).

Art. VII. — La pension de l'Impératrice Joséphine sera réduite à un million en domaines ou en inscriptions sur le grand-livre de France ; elle continuera de jouir, en toute propriété, de ses propriétés personnelles, mobilière et immobilière, avec faculté d'en disposer conformément aux lois de France.

Art. VIII. — Il sera formé un établissement convenable, hors de France, au prince Eugène, vice-roi d'Italie.

Art. IX. — Les propriétés que l'Empereur Napoléon possède en France, soit comme domaines extraordinaires, soit comme domaines particuliers attachés à la couronne ; les fonds placés par l'Empereur, soit sur le grand-livre de France, soit à la Banque de France, en actions des forêts ou de toute manière, et que Sa Majesté abandonne à la couronne seront réservés, comme le capital qui n'excédera pas deux millions, pour être employés en gratifications aux personnes dont les noms seront portés sur une liste signée par l'Empereur Napoléon, et qui sera transmise au gouvernement.

Art. X. — Tous les diamants de la couronne resteront en France.

Art. XI. — Sa Majesté l'Empereur Napoléon remettra au trésor public et aux autres caisses toutes les sommes qui en auront été prises par ses ordres, à l'exception de ce qui a été approprié à la liste civile.

Art. XII. — Les dettes de la maison de Sa Majesté l'Empereur Napoléon, telles qu'elles existaient le jour de la signature du présent traité, seront payées sur l'arriéré dû par le trésor public à la liste civile d'après l'état qui sera signé par une commission nommée à cet effet.

Art. XIII. — Les obligations du Mont-Napoléon de Milan (Mont-de-piété) envers les créanciers français ou étrangers, seront acquittées, à moins qu'il n'en soit autrement ordonné par la suite.

Art. XIV. — Tous les passeports nécessaires seront délivrés pour laisser passer librement Sa Majesté l'Empereur Napoléon, l'Impératrice, les princes, les princesses, et toutes les personnes de leur suite qui voudraient les accompagner où s'établir hors de France, ainsi que pour leurs équipages, chevaux et effets. En conséquence, les puissances alliées fourniront des officiers et des troupes pour l'escorter.

Art. XV. — La garde impériale française fournira un détachement de douze à quinze cents hommes de toutes armes, pour servir d'escorte à l'Empereur Napoléon jusqu'à Saint-Tropez, lieu de son embarquement.

Art. XVI. — Il sera fourni une corvette et les bâtiments nécessaires pour transporter Sa Majesté l'empereur Napoléon et sa maison ; et la corvette appartiendra en toute propriété à Sa Majesté l'Empereur.

Art. XVII. — L'Empereur Napoléon pourra prendre avec lui et retenir, comme sa garde, quatre cents hommes, officiers, sous-officiers et soldats volontaires.

Art. XVIII. — Aucun Français qui aurait suivi l'Empereur Napoléon ou sa famille ne sera censé avoir perdu ses droits de Français, en ne retournant pas dans le cours de trois ans ; au moins il ne sera pas compris dans les exceptions que le gouvernement français se réserve de faire après ce terme.

Art. XIX. — Les troupes polonaises, de toutes

armes, auront la liberté de retour en Pologne, et garderont leurs armes et bagages comme un témoignage de leurs services honorables. Les officiers et soldats conserveront les décorations qu'ils ont obtenues et les pensions qui y sont attachées.

Art. XX. — Les hautes puissances alliées garantissent l'existence du présent traité et s'engagent à obtenir qu'il soit accepté et garanti par la France.

Art. XXI. — Le présent acte sera ratifié et les ratifications échangées à Paris, dans deux jours.

Fait à Paris, le 12 avril 1814.

Signé :

METTERNICH, STADION, RASOUMONSKY, NESSELRODE, CASTLEREAGH et HARDENBERG, NEY et CAULAINCOURT.

N° VII

PROCLAMATION DU MARÉCHAL AUGEREAU A SON ARMÉE

Soldats!

Le Sénat, interprète de la volonté nationale, *lassé du joug tyrannique de Napoléon Buonaparte,* a prononcé, le 2 avril, sa déchéance et celle de sa famille.

Une nouvelle constitution monarchique, forte et libérale, et un descendant de nos anciens rois, remplacent *Buonaparte et son despotisme.*

Vos grades, vos honneurs et vos distinctions vous sont assurés.

Le Corps législatif, les grands dignitaires, les maréchaux, les généraux et tous les corps de la grande armée ont adhéré aux décrets du Sénat, et *Buonaparte* lui-même a, par un acte daté de Fontainebleau, le 11 avril, abdiqué pour lui et ses héritiers, les trônes de France et d'Italie.

Soldats, vous êtes déliés de vos serments; vous l'êtes par la nation en qui réside la souveraineté; *vous l'êtes encore, s'il était nécessaire, par l'abdication même d'un homme qui, après avoir immolé des millions de victimes à sa cruelle ambition, n'a pas su mourir en soldat!*

La nation appelle Louis XVIII sur le trône; né Français, il sera fier de votre gloire et s'entourera avec orgueil de vos chefs; fils d'Henri IV, il en aura le cœur, il aimera le soldat et le peuple.

Jurons donc fidélité à Louis XVIII et à la constitution qui nous le présente; arborons la couleur vraiment française qui fait disparaître tout emblème d'une révolution qui est finie, et bientôt vous trouverez, dans la reconnaissance et dans l'admiration de votre roi et de votre patrie, une juste récompense de vos nobles travaux.

Au quartier général de Valence, le 16 avril 1814.

Le maréchal AUGEREAU.

N° VIII

La proclamation suivante fut publiée, comme je l'ai dit, par l'ordre du général Dalesme ; on m'a assuré qu'il en avait été lui-même le principal rédacteur.

Habitants de l'île d'Elbe !

Les vicissitudes humaines ont conduit au milieu de vous l'Empereur Napoléon, et son choix vous le donne pour souverain. Avant d'entrer dans vos murs, votre auguste et nouveau monarque m'a adressé les paroles suivantes que je m'empresse de vous faire connaître, parce qu'elles sont le gage de votre bonheur à venir :

— *Général! j'ai sacrifié mes droits aux intérêts de la patrie, et je me suis réservé la souveraineté de l'île d'Elbe, ce qui a été consenti par*

PIÈCES JUSTIFICATIVES. 345

*toutes les puissances. Veuillez faire connaître
ce nouvel état de choses aux habitants, et le
choix que j'ai fait de leur île pour mon séjour,
en considération de la douceur de leurs mœurs
et de leur climat. Dites-leur qu'ils seront l'objet
constant de mes plus vifs intérêts.*

Elbois! ces paroles n'ont pas besoin d'être commentées ; elles fixent votre destinée. L'Empereur vous a bien jugés. Je vous dois cette justice, je vous la rends.

Habitants de l'île d'Elbe, je m'éloignerai bientôt de vous; cet éloignement me sera pénible, parce que je vous aime sincèrement; mais l'idée de votre bonheur adoucit l'amertume de mon départ, et, en quelque lieu que je puisse être, je me rapprocherai toujours de cette île par le souvenir des vertus de ses habitants, et par les vœux que je formerai pour eux.

Porto-Ferrajo, le 4 mai 1814.

Le général de brigade DALESME.

N° IX

Le nouveau pavillon de l'île, adopté par Napoléon, fut aussitôt arboré, ce qui fut constaté par le procès-verbal suivant :

Cejourd'hui 4 mai 1814, Sa Majesté l'Empereur Napoléon, ayant pris possession de l'île d'Elbe, le général Drouot, gouverneur de l'île au nom de Napoléon, a fait arborer sur les forts le pavillon de l'île, fond blanc, traversé diagonalement d'une bande rouge semée de trois abeilles fond d'or. Ce pavillon a été salué par les batteries des forts de la côte, de la frégate anglaise l'*Undaunted*, et des bâtiments de guerre français qui se trouvaient dans ce port. En foi de quoi nous, commissaires des puissances alliées, avons signé le procès-verbal avec le général Drouot, gouverneur de l'île, et le général Dalesme, commandant supérieur de l'île.

Fait à Porto-Ferrajo, le 4 mai 1814.

(*Ici la signature des divers commissaires était apposée.*)

N° X

Deux jours après la date de cette pièce, parut le mandement que donna le vicaire général de l'île d'Elbe, Joseph-Philippe Arrighi, parent éloigné de Napoléon.

MANDEMENT

Joseph-Philippe Arrighi, chanoine honoraire de la cathédrale de Pise et de l'église métropolitaine de Florence, etc. (sous l'évêque d'Ajaccio, vicaire général de l'île d'Elbe et principauté de Piombino).

A nos bienaimés dans le Seigneur, nos frères composant le clergé, et à tous les fidèles de l'île, salut et bénédiction !

La divine Providence qui, dans sa bienveillance, dispose irrésistiblement de toute chose et assigne aux nations leurs destinées, a voulu qu'au milieu des changements politiques de l'Europe, nous fussions les sujets de Napoléon le Grand.

L'île d'Elbe, déjà célèbre par ses productions, va devenir désormais illustre dans l'histoire des nations par l'hommage qu'elle rend à son nouveau prince, dont la gloire est immortelle. L'île d'Elbe prend en effet rang parmi les nations, et son étroit territoire est ennobli par le nom de son souverain.

Élevée à un honneur aussi sublime, elle reçoit dans son sein l'oint du Seigneur et les autres personnes distinguées qui l'accompagnent.

Lorsque Sa Majesté impériale et royale fit choix de cette île pour sa retraite, elle annonça à l'univers quelle était pour elle sa prédilection !

Quelles richesses vont inonder notre pays ! Quelles multitudes accourront de tous côtés pour contempler un héros !

Le premier jour qu'il mit le pied sur ce rivage, il proclama notre destinée et notre bonheur :

« Je serai un bon père, dit-il, soyez mes enfants chéris ! »

Chers catholiques, quelles paroles de tendresse ! quelles expressions de bienveillance ! quel gage de notre félicité future ! que ces paroles charment délicieusement nos pensées et qu'imprimées fortement dans vos âmes, elles y soient une source inépuisable de consolation !

Que les pères les répètent à leurs enfants ; que le souvenir de ces paroles qui assurent la gloire et la prospérité de l'île d'Elbe se perpétue de génération en génération.

Heureux habitants de Porto-Ferrajo, c'est dans ces murs qu'habitera la personne sacrée de Sa

Majesté impériale et royale; renommés de tout temps par la douceur de votre caractère et par votre affection pour vos princes, Napoléon le Grand résidera parmi vous : n'oubliez jamais l'idée favorable qu'il s'est formée de ses fidèles sujets.

Et vous tous, fidèles en Jésus-Christ, conformez-vous à la destinée : *non sint schismata inter vos, pacem habete, et Deus pacis et dilectionis erit vobiscum !*

Que la fidélité, la gratitude, la soumission règnent dans vos cœurs ! Unissez-vous tous dans des sentiments respectueux d'amour pour votre prince, qui est plutôt votre bon père que votre souverain. Célébrez avec une joie sainte la bonté du Seigneur qui, de toute éternité, vous a réservés à cet heureux événement.

En conséquence, nous ordonnons que, dimanche prochain, dans toutes les églises, il soit chanté un *Te Deum* solennel, en action de grâces au Tout-Puissant, pour la faveur qu'il nous a accordée dans l'abondance de sa miséricorde.

Donné au palais épiscopal de l'île d'Elbe, le 6 mai 1814.

Le vicaire général ARRIGHI.

FRANCESCO ANGIOLETTI,
Secrétaire.

N° XI

Les deux lettres suivantes sont la preuve irrécusable du désir que Lucien avait de passer aux États-Unis avec Napoléon et sa famille, et des négociations qui furent entamées entre lui et le cabinet britannique pour parvenir à ce but.

Neuilly, le 26 juin 1815.

Tu auras su, ma chère Pauline, le nouveau malheur de l'Empereur, qui vient d'abdiquer en faveur de son fils. Il va partir pour les États-Unis de l'Amérique, où nous le rejoindrons tous.-Il est plein de courage et de calme. Je tâcherai de rejoindre ma famille à Rome, afin de la conduire en Amérique. Si ta santé le permet, nous nous y reverrons. Adieu, ma chère sœur; maman, Joseph, Jérôme et moi, nous t'embrassons bien.

Ton affectionné frère,

LUCIEN.

P. S. — Je me suis retiré à ta belle campagne de Neuilly.

N° XII

LETTRE DU CARDINAL FESCH A LA PRINCESSE BORGHÈSE

Paris, le 29 juin 1815.

Lucien est parti hier pour Londres, afin d'avoir les passeports pour le reste de sa famille.

Joseph attendra ses passeports, Jérôme également; Lucien a laissé sa seconde fille, qui venait d'arriver d'Angleterre; elle repartira dans peu de jours. Je prévois que les États-Unis seront le terme des courses. Je pense que vous devez rester en Italie, mais souvenez-vous que le caractère est un des dons les plus estimables du Créateur dont il ait enrichi votre famille. Force donc en votre courage pour l'imiter et vous mettre au-dessus du malheur; rien ne doit vous coûter pour vous tenir dans la plus grande économie. A l'heure qu'il est, nous sommes tous pauvres, même avec ce qui nous restait de l'année dernière.

Votre mère et vos frères vous embrassent, et moi je le fais de tout mon cœur, avec tout l'attachement que vous me connaissez.

Votre affectionné oncle,

Cardinal FESCH.

Une lettre de M. l'évêque d'Hortosia à M. de Talleyrand, archevêque de Reims, datée de Rome, le 15 mars 1815, et que je vais transcrire ici comme *éclaircissement historique*, jettera un grand jour sur l'opinion que professaient, à l'époque du retour de Napoléon en France, quelques individus appartenant aux hautes notabilités qu'il avait créées pendant son règne. Cette lettre, qui n'est pas connue, puisqu'elle n'a jamais été imprimée, est un document précieux pour l'histoire des *Cent-jours*.

MONSEIGNEUR,

Vous savez à présent, à Paris, la fuite de Buonaparte et nous apprenons qu'il était en Provence, à Digne, le 24 de ce mois.

Cette fuite nous a fait connaître encore plus les hommes avec qui nous vivons. D'abord nous avons vu qu'il y a beaucoup de Jacobins à Rome qui se réjouissaient de cette fuite et faisaient courir les bruits les plus absurdes; ensuite les Anglais, en paraissant nous plaindre ironiquement, mais ensuite en exaltant les moyens de Buonaparte et le grand nombre des mécontents en France; enfin ils le regardaient déjà comme le maître de la France; d'autres disaient :

— Pourquoi n'avoir pas eu toujours quelques vaisseaux en observation ?

Et quand on leur répondait :

— Mais vous en aviez, vous autres; vous aviez même un commissaire dans l'île ?

— Mais, vous disaient-ils, nous n'étions point chargés de l'arrêter.

— Et pourquoi y étiez-vous donc? dis-je alors avec vivacité au fils du fameux lord North, qui passe pour avoir beaucoup d'esprit. Je conçois que, si vous aviez vu Buonaparte, seul de sa personne, se promener sur mer, vous auriez pu l'ignorer; mais, quand vous voyez une flottille de sept bâtiments avec quinze cents hommes armés et de la cavalerie, le premier devoir des bâtiments qui la rencontrent, c'est de l'interroger : qui êtes-vous? où allez-vous ? Dites, Monsieur, que vous êtes coupables. Heureusement le temps de la philanthropie de vos souverains alliés est passé; c'est à nous à en faire justice. Avouez que vous êtes jaloux de voir la prospérité de la France renaître ?

Il ne répondit pas un mot et je changeai de discours.

D'un autre côté, la cour de Rome voyait déjà le gouvernement changé en France. Buonaparte, dans des proclamations, appelle encore à la liberté les peuples. Sa mère, encore à Porto-Ferrajo, avec madame Bertrand, a dit à des Anglais qui sont allés la voir que son fils ne combattait plus pour conquérir; et, s'adressant aux Anglais, elle leur dit:

— Il offrira une paix honorable à l'Angleterre.

Ces Anglais sont détestables! presque tous ceux

qui sont venus en Italie ont été voir Buonaparte à l'île d'Elbe, et même ils y vont, quand il n'y est plus, visiter sa mère. Ici on a laissé entrer quarante-six caisses que sa mère avait envoyées, sans les visiter.

Le cardinal Fesch a dit avant-hier, chez la marquise Massini, sœur de la duchesse d'Esclignac, que Buonaparte avait déjà une armée de cinquante mille hommes; que Masséna était pour lui, et que trente départements avaient envoyé des députations à l'île d'Elbe, pour l'inviter à revenir en France : il était tout radieux. Dans toutes les occasions, cet homme se montre contre les Bourbons; il est indigne d'être archevêque de Lyon, et je crois bien que Votre Excellence trouvera un moyen de l'éconduire. C'est un ennemi du roi ; il faut entendre ses domestiques. Il refusa, en janvier, à l'ambassadeur, de venir à la messe qui se dit à Saint-Jean de Latran, le jour de sainte Lucie, en mémoire de Henri IV. Quoique l'ambassadeur l'ait trop bien traité, qu'il l'ait invité à dîner deux fois, à peine a-t-il daigné le visiter une fois. Quant à moi, je ne lui ai pas fait visite, et même chez l'ambassadeur je l'ai ignoré.

Lucien qui, jusqu'à ce moment, avait paru indifférent pour son frère, prend fait et cause pour lui. Avant-hier, chez la princesse de Galles, qui arrivait de Naples, il a tenu les propos les plus indécents; il a donné l'itinéraire de Buonaparte; que le 6, il serait à Grenoble, le 8 à Lyon, et le 15 à Paris; et qu'il doit avoir en ce moment quatre-vingt mille hommes.

Cette princesse de Galles est comme une folle; elle repart aujourd'hui sans avoir vu Rome, et va s'embarquer à Ancône. Hier et avant-hier, elle a eu constamment à sa droite et à sa gauche le cardinal Fesch et Lucien, toute la soirée, et n'a vu que les Anglais et quelques ministres étrangers; aucun Français n'y a été. Au reste, le pape s'est raccommodé avec Murat, c'est-à-dire qu'il a plié et fait un pas en arrière. Il y a un mois qu'il avait fait fermer la poste de Naples et même avait fait enlever les lettres de force pour les faire porter à la poste papale. Dès lors, toute communication fut interrompue; mais nous avons vu avant-hier, avec étonnement, rouvrir cette poste de Naples. Votre Excellence voit qu'il n'y a que la France qui n'obtient rien. C'est, sans doute, que nous ne parlons pas ici avec la fermeté et la dignité qui conviennent à une grande puissance.

Lucien Buonaparte, le cardinal Fesch, Louis et madame Buonaparte, voilà les protecteurs zélés de cet Isoard que cette cour poltronne voudrait conserver pour auditeur de celle de France. Il est en correspondance suivie avec elle, et il la sollicite pour arriver à Rome. Son valet de chambre, qui l'attend, le dit à tout le monde. Les envoyés plénipotentiaires d'Autriche, d'Espagne, obtiennent tout ce qu'ils demandent, parce qu'ils ont toujours la menace à la bouche.

Qui a fait plier le pape avec Murat ? C'est qu'il a ordonné à son consul de demander ses passeports et qu'il a dit, dans une lettre qu'il a écrite à Sa Sainteté, qu'il demandait passage pour quelques troupes, qu'on a refusé pourtant, en indiquant une autre route. Il ne serait pas hors de propos que Sa Majesté fût instruite de tout cela.

Cette lettre aurait dû vous arriver, Monseigneur, plus tôt; mais, à la légation, on n'a pas eu la bonté de me faire avertir que M. de Beaufremont passait et demeurait huit jours à Rome ; car il a dîné chez l'ambassadeur où je n'étais pas.

Mille tendres respects à Votre Excellence,

L'évêque D'HORTOSIA.

P. S. — Le pape n'a pas répondu à la lettre des évêques, remise à Consalvi, parce que vous l'aviez signée comme titulaire de votre siège : du reste, on l'a trouvée très bien.

FIN

TABLE

Pages.

PRÉFACE DE LA PREMIÈRE ÉDITION................... I
VIS DE L'AUTEUR V
I. — Famille de Napoléon. — Jérôme, roi de Westphalie. — La princesse de Wurtemberg. — Le duc d'Enghien. — Cause du divorce de Napoléon et de Joséphine. — Marie-Louise..................... 1
II. — Arrivée de Marie-Louise à Braunau. — Sa maison. — Madame Murat. — Renvoi de madame Lajenski et d'un petit chien. — Rencontre de Napoléon et de Marie-Louise à Soissons............ 12
III. — NAPOLÉON. — Cérémonie du mariage religieux. — Sa vie. — Ses habitudes privées. — Ses mœurs publiques. — Son caractère. — Traits de bonté et de bienfaisance................................ 20
IV. — Napoléon organise l'intérieur de la maison de Marie-Louise. — Rivalités de femmes. — L'orfèvre Biennais. — M. Paër........................ 37
V. — Madame de Luçay. — Le général Lannes. — Mot de Joséphine. — Le duc et la duchesse de Montebello. — Corvisart. — Le préfet *Méredequi*. 47
VI. — ACCOUCHEMENT DE L'IMPÉRATRICE. — Mot de l'Empereur. — Dubois. — Les hommes de lettres. — Madame la comtesse de Montesquiou.......... 60
VII. — Les trois fauteuils. — La médecine de l'Impératrice. — Les trois partis. — Voyage à Fontainebleau. — Bulle d'excommunication envoyée par le

pape. — L'abbé d'Astros. — Le duc de Rovigo. — Le
directeur général de la librairie. — Le comte Bigot
de Préameneu, ministre des cultes. — Visite au pape.   70
VIII. — Galanteries de Napoléon. — Madame Valeska.
— Le château de Compiègne. — La Grazini et Rode.
— Fouché, ministre de la police générale........   83
IX. — Parallèle entre Marie-Louise et Joséphine. —
Bienfaisance des deux impératrices. — Enfance du
jeune Napoléon. — Placet adressé au roi de Rome.
— Détails sur l'éducation du jeune prince.........   91
X. — Mésintelligence avec la Russie. — Le comte de
Czernitscheff. — Voyage en Hollande. — Le buste
de l'empereur Alexandre. —. Contrebande des dames
de la cour. — M. de Beauharnais. — Spectacles, concerts et bals masqués. — Départ pour Dresde.....   107
XI. — NAPOLÉON ET SA COUR A DRESDE. — Départ
de Saint-Cloud. — Arrivée à Dresde. — L'empereur et l'impératrice d'Autriche. — Noblesse de
Napoléon. — Le roi de Prusse et son fils. — Fêtes
et spectacles. — Madame Talma. — L'empereur
Alexandre. — Départ de Napoléon pour la Pologne.
— Voyage de Marie-Louise à Prague. — Retour de
Marie-Louise à Saint-Cloud....................   122
XII. — Départ de Napoléon pour la Grande armée. —
Marche sur Moscou. — Conspiration de Mallet. —
Paroles de l'Empereur. — Le duc de Rovigo. — Désastres. — Retour de Napoléon à Paris. — Prière
du roi de Rome. — Préparatifs pour une nouvelle
campagne. — Le duc de Feltre................   132
XIII. — Doutes de Napoléon sur la bonne foi de l'Autriche. — Le duc de Bassano. — Marie-Louise régente. — Ouverture de la campagne de 1813. — Le
contrôleur Colin. — Mort du grand maréchal Duroc.
— Retour imprévu de l'Empereur à Saint-Cloud. — La
garde nationale parisienne. — Départ de Napoléon
pour la campagne de France. — Il est trahi par un
de ses généraux. — Arrivée des alliés sous les murs
de Paris.....................................   149
XIV. — Incertitude de Marie-Louise. — Clarke la décide à partir pour Rambouillet. — Physionomie de

la capitale aux 29 et 30 mars 1814. — Le roi Joseph à Montmartre. — Héroïsme de trois cents dragons. — L'École polytechnique. — Trahison. — Capitulation de Paris. — Le préfet de Loir-et-Cher. — Arrivée de l'Impératrice et du roi de Rome à Blois. — Bigot de Préameneu et les ministres. — Marie-Louise apprend à Blois l'abdication de Napoléon et son départ pour l'île d'Elbe........................ 162

XV. — NAPOLÉON A FONTAINEBLEAU. — L'Empereur part de Troyes. — Arrivée à la *fontaine de Juvisy*. — Le général Belliard. — Le duc de Vicence. — Arrivée à Fontainebleau. — Les maréchaux Ney et Macdonald. — Abdication de Napoléon. — MM. Déjean et de Montesquiou. — Isabey. — Les commissaires alliés. — La cour du *Cheval Blanc*. — Paroles de Napoléon. — Son départ de Fontainebleau........................... 178

XVI. — LA RÉGENCE A BLOIS. — Obstacles apportés à la réunion de Marie-Louise et de Napoléon. — Tentative de Joseph et de Jérôme pour enlever l'Impératrice. — L'hetman Platoff. — Marie-Louise à Orléans. — M. Dudon va reprendre les diamants de la couronne. — Le collier. — La voiture du sacre. — Entrevue de l'empereur d'Autriche et de sa fille. — Ingratitude des valets de Napoléon. — Le mameluck Roustan et le premier valet de chambre Constant. — Les grands dignitaires. — Les passeports. — Le duc de Rovigo. — Marie-Louise à Vienne. — Moyens employés pour la décider à un divorce. — M. le comte de Bausset et madame de Brignolet. — Madame Mère. — Le cardinal Fesch............... 193

XVII. — Les journaux de Paris. — Conversation de Napoléon. — Petite revue historique et géographique. — M. et madame Guizot. — Le curé de Salvagny. — Arrivée à Lyon. — Augereau. — Avignon. — Souper à Saint-Canat. — Le sous-préfet de Saint-Maximin. — La princesse Pauline. — Arrivée à Fréjus. — Plaintes de l'Empereur. — Personnel de sa maison. — Embarquement. — Les généraux Drouot et Bertrand. — Départ pour l'île d'Elbe.... 216

XVIII. — Arrivée de Napoléon à l'île d'Elbe. — Détails sur sa traversée. — Sa réception. — Son logement. — Débarquement de sa garde. — Occupations journalières de l'Empereur. — Véritables motifs du retour de Napoléon en France. — L'habitation de l'île d'Elbe 231

XIX. — LES CENT JOURS. — Retour de Napoléon en France. — Son arrivée à Paris. — Fouché. — Le champ de Mai. — Ouverture de la campagne de 1815. — Bataille de Ligny. — Waterloo. — Le général Ornano. — Napoléon à l'Élysée. — Lucien. — Les Chambres. — Seconde abdication de l'Empereur. — Complot. — Dernier séjour à la Malmaison. — Projets de Napoléon. — Son départ pour Rochefort. — Exil à Sainte-Hélène. — Joseph. — La princesse Pauline. — La reine Hortense.... 244

XX. — QUELQUES TRAITS DU CARACTÈRE DE NAPOLÉON; ANECDOTES DIVERSES SUR SA VIE; PARTICULARITÉS CONCERNANT LES PERSONNES QUI COMPOSAIENT LA COUR IMPÉRIALE. — Le jeu de *barres*. — M. de Caulaincourt. — Le pâté chaud. — M. de Menneval. — Étiquette de la cour des Tuileries. — M. Barbier. — La *Société maternelle*. — M. Ternaux. — L'ancienne et la nouvelle noblesse. — Le duc de Plaisance et le comte Chaptal. — *Grand service et petit service*. — Passe-temps de Marie-Louise. — Les *petites entrées*. — Mesdames de Rovigo et de Bouillé. — M. de Saint-Aignan. — Le coup de cravache et le coup d'épée. — La salle de billard. — L'album de l'Impératrice. — Le comte de Lacépède. — La duchesse de Weymar. — Madame Bertrand........ 261

MÉLANGES.................................. 299
PIÈCES JUSTIFICATIVES........................ 317

BOURLOTON. — Imprimeries réunies, B.

www.ingramcontent.com/pod-product-compliance
Lightning Source LLC
Chambersburg PA
CBHW050311170426
43202CB00011B/1850